AI 글로벌 패권 경쟁

인공지능총서

인공지능 시대입니다. 기계가 인간의 인지를 대신하고, 사물이 인간을 통하지 않고 다른 사물과 직접 커뮤니케이션합니다. 이에 따른 인간 삶과 문명 변화를 정확히 이해 · 예측 · 대응하는 것은 이 시대 우리 모두의 과제입니다. 인공지능총서는 인공지능 기술과 환경의 여러 주제를 10가지 키워드로 정리합니다. 관련 개념과 이론, 학계와 산업계의 쟁점, 우리 일상의 변화를 다룹니다. 인간과 기술의 현재, 미래를 세심히 분석합니다.

일러두기

- 인명, 작품명, 저서명, 개념어 등은 한글과 함께 괄호 안에 해당 국가의 원어를 병기했습니다.
- 외래어 표기는 현행 어문규정의 외래어표기법을 따랐습니다. 다만 '딥러닝', '딥마인드', '딥페이크' 등은 관행을 따랐습니다.

AI 글로벌 패권 경쟁

김대호

대한민국, 서울, 커뮤니케이션북스, 2024

AI 글로벌 패권 경쟁

지은이 김대호
펴낸이 박영률

초판 1쇄 펴낸날 2024년 12월 6일

커뮤니케이션북스(주)
출판 등록 2007년 8월 17일 제313-2007-000166호
02880 서울시 성북구 성북로 5-11
전화(02) 7474 001, 팩스(02) 736 5047
commbooks@commbooks.com
www.commbooks.com

ISBN 979-11-7307-284-0 03500

책값은 뒤표지에 표시되어 있습니다.

차례

AI를 둘러싼 글로벌 경쟁 vii

01 AI와 경제 안보 1

02 미국의 AI 전략 13

03 중국의 AI 전략 23

04 유럽연합의 AI 전략 33

05 한국의 AI 전략 41

06 AI 칩 패권 경쟁 51

07 생성형 AI 경쟁 59

08 AI 딥페이크 허위 정보 69

09 AI 안전 글로벌 협력 79

10 AI 글로벌 거버넌스 91

AI를 둘러싼 글로벌 경쟁

2023년에 챗GPT가 AI의 대중화를 세계에 알렸다면, 2024년은 본격적인 AI 시대의 개막을 알리는 해였다. 2024년 1월에 개최된 세계 최대의 기술 콘퍼런스 전시회인 CES(Consumer Electronics Show)와 역시 1월에 범세계적 경제 문제를 토론하고 국제적 실천 과제를 모색하는 세계경제포럼(다보스 포럼)에서 화두는 모두 AI였다. CES 2024의 주제인 '모두를 위한, 모든 기술의 활성화'는 누가 AI를 일상 속으로 가장 잘 들여왔는가를 다룬 전시와 논의였다. CES 사상 처음으로 화장품 기업인 로레알 그룹 최고경영자(CEO)가 기조연설에 나서고, 유통, 푸드, 자동차, 조선 등 다양한 분야에서 AI 가 어떻게 적용될 수 있는지를 모색했다. AI를 적용한 제품들이 CES의 전통적인 영역을 넘어 자동차와 로봇, 비즈니스 생태계의 모습으로 등장했다.

2024년 5월에 오픈AI는 새로운 AI 모델 GPT-4o를 공개했다. GPT-4o는 질문에 즉각 대답하고, 목소리에 감정을 담아서 말하는 등 사람과 대화하는 듯한 상황을 보여 주었다. 더욱이 9월에는 이를 업그레이드한 GPT-o1을 공개했다. 이 새로운 버전은 추론하고, 복잡한 문제를 해결할 수 있도록 만들어졌다.

AI는 오늘날 가장 중요한 키워드다. 기술로 인해 인간이 누리게 될 편익과 그것이 가져올 효과로 인해 세계 주요 국가들은 국가적 차원에서 전략을 세워 추진하고 있으며, 치열한 경쟁을 벌여 나가고 있다. 물론 경쟁하면서도 기술 · 인력 교류, 표준 마련, 윤리에 대한 논의 등을 위한 국제적 협력도 동시에 이루어지고 있다.

2024년 5월 유럽연합(EU)이 세계 최초의 AI 규제법인 「AI법」을 시행하며 그 시작을 알렸다. 세계 각국의 AI 전략과 추진에는 법 제도가 필요하기 때문이다. 법 제도를 마련하여 AI 기술의 개발과 상용화로 누리는 혜택을 확대하는 한편, AI 기술이 가져올 위험성을 통제함으로써 안전하게 그 편익을 누릴 수 있는 환경을 조성하려는 것이다.

더 나아가 AI 글로벌 패권 경쟁은 국가 차원의 혁신 체제 경쟁이다. AI를 통한 전 산업의 혁신과 글로벌 표준 장악을 위한 양적 · 질적 경쟁이며, 나아가 일종의 글로벌 가치 경쟁이라는 측면이 있다. 이러한 경쟁은 개별 기업이나 특정 산업 영역에만 한정된 것이 아니라, 범산업적 혁신의 성패를 결정하는 경쟁으로, 궁극적으로는 국가 간, 진영 간 '시스템 경쟁'의 양상을 띤다.

신냉전

20세기 후반 이후 현대의 세계는 냉전-탈냉전-신냉전의 소용돌이를 겪고 있다. 냉전 시기에 세계는 미국 중심의 자유 진영과 소련 중심의 공산 진영으로 나뉘어 경쟁을 벌였다. 미국과 자유민주주의 동맹국들은 자유주의 국제 시장 질서를 형성하여 세계를 이끌었고, 곧 공산 진영을 압도했다. 자유민주주의 진영 내에서 상호 의존적인 경제 구조를 발전시키며 신흥국가의 발전을 견인하기도 했다. 그 과정에서 한국이 대표적인 성공 사례가 되었다.

이는 안보 영역에서도 변화를 가져왔다. 제2차 세계대전 이후 핵무기가 등장하면서 전통적인 군사 안보 구조 자체가 달라졌다. 20세기 전반까지 대규모 전쟁을 치러 왔던 미국, 영국, 독일, 프랑스, 일본이 적대적 관계를 청산하고 하나의 안보 연합을 형성했다.

그러나 1991년 소련 중심의 공산주의가 무너지고 탈냉전 시대를 맞았다. 탈냉전 이후 민주주의와 시장경제가 전 세계에서 받아들여졌고, 본격화된 세계화로 자유주의 국제 시장 질서는 더욱 확대되었다. 세계는 글로벌 분업 구조에 기반한 가치 사슬과 공급망을 형성하여 선진국과 개발도상국들이 공동 발전하는, 인류 역사상 매우 드문 경험을 했다. 중국을 포함한 신흥 개발도상국들도 경제적으로 발전하는 계기를 마련했고 안정적인 질서가 예상되었다.

새뮤얼 헌팅턴(Samuel Huntington)은 1990년대 탈냉전 이후 세계화가 진행되는 상황을 보고 국가 간 전면적 군사 충돌 가능성이 크게 낮아지며 안정적인 국제 질서가 확립되고 있다고 평가했다. 그러면서 이제는 군사력 중심 접근보다는 경제력의 중요성을 강조했다.

그러나 이런 탈냉전과 세계의 안정은 오래가지 못했다. 채 20년이 지나지 않아 자유민주주의 질서는 위기에 처했다. 비자유주의, 권위주의, 독재, 민족주의 등이 다시 등장했다. 그 배경에는 중국의 부상이 결정적 역할을 했다. 중국이 도광양회(韜光養晦)의 기치 아래 세계무역체제에 편입하고 급속한 경제성장을 달성하는 목표를 어느 정도 이루게 되자, 기존 국제 질서에서 벗어나 대국굴기(大国崛起)를 표방하고 독자적인 주체로 나서기 시작한 것이다. 중국은 일당독재 정치체제를 강화했고, 일대일로(一帶一路) 계획을 수립해 중국이 중심이 되는 글로벌 경제 프로그램을 추진했다. 그러면서 자유민주주의 체제가 훼손되고 독재와 권위주의 체제로 회귀하는 현상이 나타났다. 물론 중국만이 그런 것은 아니다. 러시아가 혼란스러웠던 1990년대를 지나 옛 소련의 영광을 그리며 다시 독재 체제로 등장했고, 헝가리, 폴란드, 튀르키예, 브라질 등에서 다양한 유형의 권위주의 정권이 등장했다.

2010년대 이후 세계 질서는 다시 신냉전의 양상으로 변화했다. 한편에서는 미국이 중심이 되고, 다른 편에서는 중국이 중심이 되는 모습으로 바뀌었다. 그러나 단지 국가만 달라진 것은 아니다. 현재의 미중 관계는 과거와 같은 무력 사용과 전쟁이 아니라, 새로운 형태의 대결, 즉 경제와 가치 경쟁으로 전개되고 있다.

신냉전의 특징 중 하나는 기존의 정치 영역에 경제가 합쳐져서 경제를 중심으로 한 패권 경쟁으로 확대되고 있다는 것이다. 특히 전통적인 경제에서 디지털 경제로 전환되는 상황에서 과학기술 경쟁이 핵심으로 떠오르고 있다. 과학기술이 경제 영역뿐만 아니라 안보에까지 영향을 미치면서 이제는 과학기술이 신냉전의 주축에 있는 듯한 모습이다. AI와 반도체를 둘러싼 패권 경쟁이 점점 노골화하고 그 대상이 우주로까지 확장되어, 새로운 글로벌 질서 재편의 중심에 과학기술이 자리하게 되었다.

AI가 글로벌 경쟁의 핵심

AI가 그러한 미국과 중국 간 패권 경쟁의 최대 승부처로 떠올랐다. AI가 단지 기술 경쟁에 그치지 않고 글로벌 지배력을 좌우할 수 있는 정도의 위상을 갖게 된 것이다. 이에 따라 미중 양국은 군사, 첨단 기술을 포함한 전방위에서 AI 개발 경쟁을 벌이고 있다.

미국에서 AI는 시장이 주도하는 자율과 개방으로 발전해 왔다. 구글, 마이크로소프트(MS), 메타 등 빅 테크 기업들은 기술 우위를 확보해 글로벌 AI 시장을 선도하고 있다. 그리고 정부는 이들 기업이 자유로운 시장 경쟁을 통해 혁신을 촉진하도록 개방된 환경을 확보하는 데 주력해 왔다. 그런데 중국의 AI 기술이 급속히 성장해 미국의 주도권을 위협하면서 미국 정부도 다양한 정책을 동원하여 기술 경쟁에 본격적으로 나서고 있다. 미국의 AI 거버넌스는 시장 주도의 자율과 개방을 원칙으로 하면서도, 자유와 민주적 가치를 내세운 기술 경쟁과 국가 안보 전략이 함께 작동하고 있다.

반면에 중국은 국가 주도의 통제하에 기술 자립을 적

극 추진하고 있다. 2014년 시진핑 정부가 AI를 통한 산업 전반의 혁신과 도약을 강조한 후, 2017년에 AI를 국가 전략 산업으로 지정하고 '차세대 AI 발전규획'을 발표했다. 이 계획은 2030년 글로벌 AI 선도 국가 도약을 목표로 3단계 전략을 설정하고(2020년까지 선진국 수준 AI 개발, 2025년까지 AI 기초 이론 체계 수립, 2030년까지 세계 최고 수준 AI 체계 완성), 정부 주도로 산업별 특화 플랫폼 기업(바이두 자율 자동차, 알리바바 스마트 도시, 텐센트 의료 · 헬스 등)을 육성하는 것이다. 2018년에는 국가 AI 표준화 그룹을 설치하여 표준화 작업을 본격화하고, 2021년 제14차 5개년 규획에서 7개 첨단 기술 중 첫 번째로 AI를 지목하여 자립화 확대를 추진했다.

한편 유럽은 미국과 중국에 뒤처진 유럽의 산업을 보호하면서, 미국과 중국의 빅 테크들이 지배하지 않도록 하는 데 중점을 두고 있다. EU는 2018년 유럽 AI 전략을 마련하여 유럽의 AI 이니셔티브를 발표했다. 2020년 AI 백서에서는 유럽이 AI 글로벌 허브가 되도록 경쟁력을 확보하는 한편, 인간 중심의 신뢰할 만한 AI를 보장하겠다는 의지를 표명했다. 특히 후자에 집중해서 신뢰할 만한 AI 가이드라인, AI 윤리 문제에 먼저 나섰다. 2024년에 EU는 세계 최초로 AI 개발 · 사용에 대한 규범 틀로서

「AI법(AI Act)」을 제정하기에 이르렀다.

유럽연합은 이미 디지털 경제 전반에 걸쳐 다양한 입법을 추진하며 이러한 방향을 이끌어 왔다. 미국과 중국의 빅 테크 기업을 견제하기 위해 2022년 12월 「디지털시장법(DMA, Digital Markets Act)」과 「디지털서비스법(DSA, Digital Service Act)」을 마련하여 시행하고 있는 것이 대표적이다. 「디지털시장법」은 대형 플랫폼 기업을 게이트키퍼로 지정하여 독점적 지위를 활용한 영업 행위를 금지한 법이다. 「디지털서비스법」은 글로벌 플랫폼 기업이 허위 정보, 차별적 콘텐츠, 아동 학대, 테러 선전 등 유해 콘텐츠를 제거하도록 의무화한 규제다. 또한 2022년 5월 「데이터거버넌스법(Data Governance Act, DGA)」을 제정하여 역내 데이터 단일 시장을 구축하고 데이터 공유를 활성화하고자 했다. 그리고 사물 인터넷(IoT) 제조사가 산업 데이터를 독점하지 않도록 사용자의 데이터 접근 권한을 확대해 왔다.

이렇게 AI를 둘러싸고 미국, 중국, 유럽연합 등 세계 질서를 주도하는 국가들이 각축전을 벌이고 있다.

AI에 대한 입장 차이

AI는 기술 발전에서 궁극적인 질문인 'AI가 인류 역사에

긍정적인가 아닌가' 하는 문제를 제기한다. 이는 원자폭탄이 발명됐을 때보다 훨씬 영향력이 큰 문제다. 따라서 세계적으로도 AI 규제의 방향과 정당성에 대한 논쟁이 벌어지고 있다. 논의는 크게 두 방향으로 전개된다. 하나는 AI 기술에 대한 모든 규제에 반대하는 '효율적 가속주의(Effective Accelerationism)'의 입장이며, 다른 하나는 AI의 부작용을 우려하며 안전한 개발을 주장하는 '효율적 이타주의(Effective Altruism)'의 입장이다.

효율적 가속주의 지지자들은 기술과 혁신이 되도록 빨리 움직이기를 원한다. AI 기술 개발이 외부 규제에 영향을 받지 않고 이루어져야 오히려 인간과 사회에 도움이 될 수 있다고 주장한다. 미국의 실리콘 밸리에서 이런 입장이 강하다.

반면에 효율적 이타주의는 안전한 개발을 주장하는 입장이다. EU의 「AI법」은 효율적 이타주의를 반영하고 있다. 유럽에서 특히 효율적 이타주의가 강한 이유는 AI 발전이 미국이나 중국 등에 뒤처져 있고, 미국의 플랫폼이 주도하고 있으며, 개인 정보 보호 등에 민감한 분위기 때문이다.

물론 AI 기술을 주도하는 학자들 간에도 입장 차이가 있다. 흔히 'AI 4대 석학'으로 제프리 힌턴(Geoffrey

Hinton), 얀 르쿵(Yann LeCun), 앤드루 응(Andrew Ng), 요슈아 벤지오(Yoshua Bengio)를 꼽는다. 벤지오는 "과학적 측면에선 AI가 인간의 통제 아래 있게 하는 이른바 '정렬(align)' 기술의 돌파구 마련이 시급하다. 그리고 정치·사회적 측면에선 강력한 AI의 개발과 운영, 관리 등에 대한 국제 규범을 하루빨리 마련해야 한다"라고 주장한다. "나는 지난 3월 미국 비영리 AI 단체가 'AI 개발을 6개월간 멈추자'며 발표한 성명서에 서명했고, 지금도 생각엔 변함이 없다. 하지만 이미 너무 많은 자본과 인력이 AI 산업에 쏠렸고, 기술 개발을 결코 멈추지 못할 것도 잘 알고 있다. 그렇기 때문에 우리는 기술과 규제 두 가지 측면에서 확실하게 AI 안전을 보장하는 방법들을 찾아내야만 한다"라고 주장한다(오로라, 2024).

이들은 AI에 대한 국제 규범이 필요하다는 데 공감한다. AI 기술이 독재국가나 테러리스트 손에 들어가면 재앙이 될 수 있기 때문이다. 따라서 핵무기를 통제하듯이 AI에도 국제적인 조약이나 국제기구가 필요하다고 본다. 이러한 우려는 전 세계에서 신냉전이 가속화하면서 더욱 힘을 얻고 있는 실정이다.

AI 글로벌 경쟁의 의미

AI 글로벌 경쟁은 단순한 기술 패권 경쟁을 넘어서 종합적인 미래 국력 경쟁으로, 나아가 이를 지원하는 정책과 제도, 체제의 경쟁으로 확산되는 양상이다. AI 분야에서 이러한 정책 · 제도 · 체제 경쟁은 AI 규제 원칙에 대한 미국과 중국의 입장 차로 드러나고 있다. 미중의 AI 규제 원칙을 보면 명분은 크게 다르지 않지만, 실제로 AI를 개발 · 적용하는 과정에 이르면 상대방의 행태를 서로 다르게 해석해 AI 규제 정책이나 윤리 규범을 둘러싼 마찰과 충돌로 나타나고 있다.

미국이 인권과 개인 정보 보호를 중시하는 자율적 규제를 강조한다면, 중국은 AI에 국가의 통제가 필요하다는 입장을 대변한다. 게다가 중국은 AI를 사회주의 가치를 옹호하기 위한 기술적 수단으로 여긴다. 이러한 차이는 양국 간 상호 불신과 신념 등과 연계되어 자국에 편리한 방향으로 해석되고 있다.

중국의 안면 인식 AI와 관련된 논란이 그 한 예다. 2019년 10월 미국 정부는 인권 탄압과 미국의 국가 안보와 외교 정책에 반한다는 이유로 중국 신장웨이우얼자치구의 불법 감시에 연루된 지방정부 20곳과 기업 8곳을 블랙리스트에 올렸다. 여기에는 센스타임, 메그비, 이투 등 중국의 대표적 AI 기업들이 포함됐다. 중국은 이를 자국 내 문제로 보면서 미국의 정책에 반발하고 있다.

그러나 문제는 이러한 중국의 안면 인식 기술과 지능형 감시 시스템이 세계 각국으로 빠르게 수출되고 있다는 것이다. 특히 중국은 일대일로 참여국에 대규모로 투자하면서 중국의 통신망과 감시 시스템을 함께 전파하는 행보를 보이고 있다. 이런 모든 기술의 중심에 AI가 자리한다. AI 경쟁이 글로벌 패권 경쟁의 성격을 띨 수밖에 없는 이유다.

참고문헌

김호철(2023). AI 거버넌스와 통상규범의 과제. ≪국제경제법연구≫, 21(3), 105 – 133쪽.

류동원(2022). 21세기 미중 경쟁에 대한 신냉전 논쟁과 쟁점 연구. ≪중국지역연구≫, 9(2), 333 – 362쪽.

오로라(2024.1.1). "나도 의심한다 고로 존재한다" 생각하는 AI 출현. ≪조선일보≫.

유지영(2022). 글로벌 AI 경쟁과 디지털 통상규범의 의의. ≪KISDI AI Outlook≫, Vol.8, 1 – 15쪽.

01
AI와 경제 안보

AI 글로벌 패권 경쟁이 경제 안보 차원에서 전개되고 있다. 첨단 혁신 과학기술 자체가 안보화되고 있으며 과학기술의 민군 겸용이 확대되는 등 경제 안보와 과학기술 안보의 결합이 가속화하고 있다. 경제 안보가 국가 안보의 핵심 전략 분야가 되었다.

경제 안보

미중 경쟁이 진행될수록 AI에 대한 기술 보호의 기조가 한층 더 확산되고, 더 나아가 기술안보주의로 발전하고 있다. AI 글로벌 패권 경쟁이 경제 안보 차원에서 전개되고 있다.

경제 안보는 두 가지 차원에서 확대되고 있다. 현재 경제 안보는 과학기술, 그중에서도 첨단 혁신 과학기술을 중심으로 이루어진다. 반도체, 배터리, 통신망 (5G, 6G), AI, 빅데이터, 알고리즘, 우주, 바이오 등이 대표적이다. 이 과학기술 영역들은 탈냉전 · 세계화 시기를 거치면서 2020년대에 들어 급속히 발전했다.

특히 과학기술 안보가 크게 부상하고 있다. 미중 경쟁이 경제 전반에 걸친 경쟁의 성격도 있지만, 첨단 과학기술과 이를 기반으로 한 제조업이나 소재 · 부품 · 장비 공급망 경쟁으로 이어지고 있다. 따라서 첨단 혁신 과학기술 자체가 안보화되고 있으며 과학기술의 민군 겸용이 확대되는 등 경제 안보와 과학기술 안보의 결합이 가속화하고 있다. 그 결과 기술 갈등의 범위도 확대되고 있다. 소프트웨어 기술을 둘러싸고 전개되는 미중 기술 갈등은 과거 운영체제(OS)에서 인터넷, 최근 AI 경쟁으로 범위가 확산해 온 역사적 흐름이 있다. 특히 AI가 일반목

적기술(General Purpose Technology)의 특성이 있어서 모든 산업 영역에 적용되기 때문에 미중 간 AI 패권 갈등의 전개 양상은 확대될 수밖에 없다.

또한 글로벌 AI 경쟁은 기술보호주의에서 기술안보주의의 추세를 보이고 있다. 미중 갈등이 장기화할수록 미국은 중국의 직접투자나 제3국을 우회한 투자까지 모두 차단하려고 한다. AI 경쟁이 곧 국가 차원의 혁신 체제 경쟁으로 이어지는 것이다.

자유 진영의 경제 안보

미국을 중심으로 한 자유민주의 국가는 첨단 기술 경쟁에서 우위를 점하기 위해 산업 정책을 부활하고, 투자 규제와 수출 통제를 강화하며, 글로벌 공급망을 재편하는 경제 안보 정책으로 전환하고 있다. 특히 경제안보 경쟁이 미래 경제를 이끌어 갈 기반 제조업 분야에 집중되고 있다.

미국은 첨단 기술을 사용하는 기반 제조업이 미래의 지배적 위상을 유지하는 데 결정적인 분야로 보고 있다. 반도체, AI, 양자과학, 배터리, 바이오, 차세대 통신 등이 그 대상이다. 그런데 이 분야에 중국이 도전하면서 중국의 도전을 차단하여 기술혁신 역량을 억제하고, 기반 제조업을 미국이나 자유 진영 국가에 재배치하여 중국에 대항하려는 것이다.

이를 위해 자유시장경제에서 보기 드문 산업 정책(industrial policy)을 채택하기에 이르렀다. 기존 자유시장경제에서 산업 정책은 시장을 교란하고 경쟁을 저해하는 비효율적인 정책으로 간주되었다. 게다가 자유주의 국가들은 중국을 비롯한 권위주의 국가들의 비시장적 산업 정책을 비난해 왔다. 그러나 이제는 자유시장경제에서도 산업 정책이 뉴노멀이 되고 있다. 자유민주주의 국가도 자국의 제조업 육성과 기술혁신 공급망 강화에 초점을 둔 산업 정책을 확대하는 것이다.

이러한 정책 변화에 따라 미국, EU 등은 반도체, 배터리 등 첨단 기술 분야에서 막대한 보조금을 지급하고 있다. 2022년 8월 공표된 미국 「반도체과학법(CHIPS and Science Act)」과 「인플레이션감축법(IRA, Inflation Reduction Act)」이 대표적이다. 이 법은 미국 내 반도체 산업을 지원하고 전기차 배터리 부품과 원료의 국내 조달을 확대하기 위해 막대한 보조금을 지원하는 한편, '가드레일 조항'을 두어 보조금을 받은 기업이 중국 등 권위주의 국가에서 첨단 반도체 생산능력을 증대하지 못하도록 제한하거나 중국 소재 기업 등이 생산한 배터리 부품과 원료를 국내 전기차 생산에 사용하지 못하도록 규제하고 있다.

「반도체과학법」은 반도체, AI 등을 포함하는 첨단 기술과 산업에 보조금 지급, 세액공제, 인력 양성 등의 내용을 포함한다. 이 법에 따라 미국은 반도체 분야에 527억 달러 규모의 보조금을 배정하고, 보조금을 받는 반도체 기업에는 향후 10년간 중국과 특정 국가 내 특정 첨단 반도체 생산 라인의 확장이나 신설을 제한한다고 명시했다.

또한 미국은 특정 물자나 기술이 중국에 유출되는 것을 막기 위해 중국 기업의 미국 내 투자 진출이나 미국 기업의 대중국 투자에 대한 심사를 강화했다. 2018년 발효된 「외국투자위험검토현대화법(FIRRMA)」은 핵심 기술, 인프라, 개인 정보 관련 사업에 대한 외국인투자위원회(CFIUS)의 심사를 강화하는 법이다. 미국은 2022년 10월에 AI, 슈퍼컴퓨터에 활용되는 첨단 반도체와 함께, 첨단 반도체 생산을 위한 제조 장비의 대중국 수출을 차단했다. 미국은 한국, 대만, 일본, 네덜란드 등 주요 반도체 국가를 대상으로 대중국 반도체 장비 수출 통제에 동참하도록 했다. 2023년 8월 발표된 행정명령의 주요 내용도 첨단 반도체, AI, 양자컴퓨팅 산업 기술 등 첨단 기술 분야에 대한 미국 기업의 대중국 투자를 제한하는 것이다.

EU의 '한시적 위기 및 전환 프레임워크(Temporary Crisis and Transition Framework)'도 미국 IRA처럼 보조금 혜택을 제공하기 위한 입법 조치다. EU는 2019년 외국인 직접투자(FDI) 심사 규정을 도입했고 독일, 프랑스 등도 FDI 심사 체제를 강화했다.

일본은 경제 안보 개념을 다른 국가보다 선제적으로 채택했다. 일본은 이미 2007년 아베 총리 주도로 인도-태평양 개념과 전략을 만들고 확대한 경험을 지켜 가고 있다. 따라서 인도-태평양 지역의 질서 유지를 위한 다자적 협력에서 일본이 차지하는 비중은 매우 높다. 공급망 · 첨단 기술 등에서의 협력이 쿼드(Quad, 미국 · 일본 · 호주 · 인도의 안보 협의체), 오커스(AUKUS, 미국 · 영국 · 호주 안보 동맹) 등 인도-태평양 전략에 적극적으로 가담하는 국가 간 공조로 심화하는 상황에서 일본의 경제 안보 관심은 높을 수밖에 없다. 따라서 일본은 경제 안보를 국가 전략 수준으로 격상해 주요 국가 문서에 경제 안보 개념을 반영하고 있다. 『2021년 통상백서』에서 "미중 갈등을 계기로 기존 공급망의 취약함이 드러나면서 각국이 경제 안전보장 강화"에 나서고 있다며 반도체 등 핵심 물자 공급망 재편이 필요함을 분명히 밝혔다.

중국의 경제 안보

중국도 경제 안보에 적극적이다. 중국은 기술혁신을 글로벌 경쟁의 주요 분야로 보고 자체 기술혁신 역량 강화, 해외 의존 기술의 자립화를 위해 전기차, 배터리, 반도체 등 자국 핵심 산업에 대한 기존의 보조금 정책을 강력하게 추진하고 있다. 미국이 대중국 기술이전을 제재하고 수출 통제를 강화하며, 이에 주요국들이 동조하자 중국은 반도체 제조에 필요한 갈륨, 게르마늄이나 배터리용 흑연 등 핵심 광물질에 대한 수출 통제, 희토류 가공 기술 수출 금지, 항공 우주 부품 등에 대한 수출 통제 등 관련 조치를 잇달아 취했다.

중국의 경제 안보는 과학기술 안보와 사이버 안보와 밀접한 연관이 있다. 미국과 서방의 중국에 대한 첨단 기술 수출 제한 조치가 중국의 첨단 기술 산업과 발전, 이익에 손실을 초래했고, 시장과 자본으로도 핵심 기술을 구매할 수 없으므로 반드시 자국의 연구 개발과 발전에 의존해야 한다는 것이다. 중국은 인터넷, 빅데이터, AI와 같은 핵심적인 기술 분야에서 국가 발전 이익을 수호함으로써 사이버 강국의 길을 걸어야 한다고 강조한다.

시진핑은 경제 안보를 국가 안보의 중요한 기초로 상정했다. 이에 중국은 「국가안전법(中华人民共和国国家安全法)」을 제정하고, '중앙국가안전위원회(中央国家安全委员会)'를 설립했다. 당 중앙 기관인 위원회가 경제 안보의 구체적인 의제 설정을 주도하고 있다. 위원회가 다루는 경제 안보의 영역은 산업 안보, 과학기술 안보, 정보 네트워크 안보, 식량 안보, 에너지 안보, 초크포인트 기술 안보 등 광범위한 분야로 확대되었다(이재영, 2024).

중국의 이러한 경제 안보 정책이 주목받는 이유는 바로 중국의 당-국가 체제가 당이 중심인 국가자본주의이기 때문이다. 국가자본주의는 기업들의 경제활동 배경에 국가 혹은 공산당의 강력한 개입이 존재하기 때문에 중국이 해외에서 하는 이익 추구 활동 혹은 경제 행위에는 반드시 당-국가의 정치적 목적이 존재한다. 그리고 중국이 외교적 목적을 달성하기 위해 가용한 자원을 동원하는 것은 중국의 경제적 능력이 이러한 목적을 뒷받침할 수 있을 정도로 충분히 강해졌다는 의미다.

중국이 경제 안보 정책을 추진하는 것은 중국의 핵심 이익을 침해하는 국가에 대해 차별적으로 대응하거나 향후 중국의 핵심 이익을 존중하도록 강제하려는 예방적 성격을 띠고 있기도 하다. 예컨대 중국의 핵심 이익에서 가장 중요한 문제는 대만이다. 대만의 독립을 지지하는 민진당 정권이 들어서거나, 미국이 대만과 관계를 개선하고자 할 때 중국은 이를 내정간섭이라고 주장하며 경제 안보 수단을 활용하고 있다.

과학기술 안보

미국은 주로 경제 분야, 특히 AI, 반도체 등 첨단 기술 분야에서 디커플링을 통해 중국의 부상을 견제해 왔다. 첨단 과학기술은 미래의 경제 · 군사 패권 향방을 결정하는 핵심적 요소이기 때문이다. 따라서 군사 안보와 이념, 체제 분야에서의 경쟁이 경제 분야와 과학기술 분야의 경쟁과 밀접히 연결되어 있다.

더 나아가 신냉전은 세계의 안보 · 정치 · 경제적 지배권을 둘러싼 '규범과 질서의 경쟁' 차원으로 진행되고 있다.

미국의 대중국 전략은 '규칙 기반 질서(rules-based order)'로서 '민주주의 가치 공유', '자유주의적 규범'과 '항행의 자유' 등 규범을 강조하고, 중국을 '규칙 기반 질서'에 대한 최대의 도전 세력으로 보고 견제하는 것이다.

미국은 군사적 해결보다는 중국과의 '경제 · 기술 경쟁', 특히 '첨단 과학기술' 경쟁에서 우위를 지키는 데 주력하고 있다.

중국 학자 옌쉐퉁(阎学通)은 신냉전 시대에는 디지털 사고가 지정학적 사고를 대체한다고 보고, 디지털 사고가 강대국의 정책 결정에 영향을 미치는 주요한 전략적 사고라고 주장한다. 과거 미국과 소련이 이데올로기 · 체제 경쟁, 핵무기 경쟁 등을 펼쳤던 냉전 시대와 달리 현재는 인터넷을 기초로 하는 디지털 경제 기술이 지배적인 시대다. 따라서 디지털 경제와 네트워크 안전이 국가의 경제 발전과 안전을 형성하는 주요 요인이 된다. 결국 디지털 기술 우위가 국가 간 경쟁에서 핵심 영역이다. 미중 관계가 냉전 시대 미국과 소련의 갈등보다 복잡한 이유는 지금의 미중 간 전략적 기술 경쟁이 냉전 사고와 디지털 사고가 결합된 결과물이기 때문이다.

결국, 미중 간 전략적 기술 경쟁은 기술, 안보, 권력의 복합지정학과 미중 디지털 패권 경쟁의 맥락에서 볼 수 있다. 즉 '디지털 기술을 매개로 한 글로벌 패권 경쟁'의 부상이 지금의 미중 간 전략적 기술 경쟁의 핵심이다. 이러한 패권 경쟁은 디지털 기술 경쟁, 디지털 플랫폼 경쟁, 디지털 매력 경쟁으로 전개되고, 사이버 안보, 공급망 안보, 데이터 안보 등 복합지정학으로 나타나며, 첨단 방위산업과 우주 복합 공간, 미래전의 진화 같은 신흥 권력 경쟁의 세계 정치가 부상한다(김상배, 2021). 이제 세계 주요국들은 '경제 안보(economic security)'를 국가 안보의 핵심 전략 분야로 간주하고 있다.

참고문헌

김대호(2023). 『기술패권』. 커뮤니케이션북스.

김상배(2021). 디지털 플랫폼 경쟁의 국제정치경제: 미중 기술패권 경쟁의 진화, ≪국제·지역 연구≫, 30(1), 41 – 76쪽.

백우열(2022). 경제안보 개념의 확장: 2020년대 안보 맥락에서. ≪국제정치논총≫, 62(4), 325 – 364쪽.

이재영(2024). 미중 전략 기술경쟁 시기 미국의 견제에 대한 중국의 대응 이론과 사례: 신고전현실주의의 과다균형과 경제 안보를 중심으로. ≪아시아리뷰≫, 14(1), 3 – 33쪽.

02
미국의 AI 전략

미국은 개방형 생태계로 AI 기술 연구를 촉진하면서 AI 시대에 대비한 가치 기준을 확립하고 거버넌스를 구축하고 있다. AI 가치를 정립해 강력하고 자유로운 서비스를 국민에게 제공할 수 있다고 밝히며, 미국 중심의 AI 국제 안보 파트너십을 확대하고 있다.

개방형 생태계

마치 인터넷이 그랬듯이 AI를 대중에 알린 것은 미국 오픈AI의 챗GPT였다. 미국은 시장 주도의 자율적인 접근으로 AI 생태계를 선도하고 있다.

AI 기술은 미국이 선도해 왔다. AI가 시작된 곳도, AI의 겨울을 경험하고 부활하는 단계를 거친 곳도 미국이었다.

미국의 AI 기술 발전은 자유주의 시장 모델로, 학계와 민간 기업을 중심으로 진행되어 왔다. 미국은 기본적으로 민간 주도의 혁신을 중심으로 산업을 선도한다. 정부는 기초연구에 자금을 제공하고, 제도적인 환경을 조성하며, 대학은 인재를 양성한다. AI 분야에서도 개방형 AI 생태계를 지향함으로써 누구나 참여할 수 있게 했다. 그 결과 미국 정부는 주로 AI의 개념 설계에 선도적으로 투자하고, 나머지 단계는 개방형 전략을 취하여 글로벌 AI 인재들과 협업하는 방식으로 이루어진다.

민간 기업이 이런 생태계를 주도한다. 구글 텐서플로(Tensor Flow), IBM 왓슨(Watson) 플랫폼 등이 대표적이다. 이들 기업은 자체 기술 지식으로 연구 개발에 성공한 머신러닝 프레임워크를 시장에 공개해 데이터만 있으면 누구나 AI를 활용할 수 있게 했다. 페이스북도 텐서

플로와 유사한 AI 프레임워크인 파이토치(PyTorch)를 외부에 공개했다. 이러한 개방형 AI 기술 생태계 덕분에 많은 후발 주자는 시간과 비용을 들여 자체 기술 개발에 매달리기보다는 다양한 서비스와 응용 혁신을 도모할 수 있다.

2017년 구글은 데이터 과학자들을 위한 커뮤니티이자 크라우드소싱 플랫폼인 캐글(Kaggle)을 인수했다. 캐글을 이용하는 데이터 전문가 약 60만 명이 암 발견과 심장병 진단 등 해결하기 어려운 문제에 도전하기 위해 이 커뮤니티에 참여하고 있다. 구글 입장에서는 역량 있는 AI 인재와 데이터 과학자를 확보하기가 쉽지 않은데 이들을 고용하지 않고도 글로벌 차원에서 협업을 할 수 있다. 미국은 캐글 이외에도 대학에서 제공하는 기계 학습 관련 데이터 세트 등 수많은 공개 데이터 저장소를 운영하며 혁신을 창출하고 있다.

오픈AI가 GPT 스토어를 연 것도 AI 발전에 기폭제가 될 만한 일이다. 누구나 맞춤형 챗GPT를 만들어 사용하고, 스토어에서 사고팔 수 있게 되면서 거대한 AI 생태계가 형성될 수 있기 때문이다. 맞춤형 챗GPT를 개발한 사람은 오픈AI에서 이익을 배분받고 AI 유니콘으로 성장할 수도 있다. GPT 스토어가 개발자를 모으고, 이를 활용하기 위해 세계에서 누구나 GPT 스토어를 찾는 선순환 구조가 만들어지는 것이다.

이렇게 미국의 개방형 생태계에 참여하는 기업은 개방형 혁신의 장점을 살려서 성장할 수 있다. 이런 기업이나 개발자는 딥러닝에 대한 깊은 이해 없이도 딥러닝을 활용할 수 있다. 이는 딥러닝 기술 자체의 발전과 응용을 더욱 확대하는 결과로 이어진다. 구글의 안드로이드 생태계에 한국의 삼성전자가 참여하여 세계 최대의 휴대폰 제조 기업으로 성장할 수 있었던 것과 같은 이치다. 또한 구글의 안드로이드와 애플의 iOS 운영체제는 복잡한 기술혁신 결과지만, 플레이스토어(Play Store)나 앱스토어(App Store) 등 앱 마켓에서 다양한 생태계 참여자가 혁신의 성과를 나누어 산업을 성장시킨 것이다.

정부 정책

미국 정부는 정책적으로도 개방형 생태계 조성을 뒷받침하고 있다. 2016년 오바마 행정부는 '국가 AI R&D 전략 계획'을 발표하여 AI 연구 개발을 국가 차원의 전략으로 격상했다. 이 계획은 연방정부 데이터와 컴퓨팅 환경을 공개하는 것을 포함하며, 국내뿐만 아니라 국제 협력도 강조한다.

미국은 정권이 바뀌어도 일관되게 AI 정책을 유지, 발전시키고 있다. 오바마 정부에 이어 트럼프 정부도 2019년에 이를 보완하여 '국가 AI R&D 전략 계획: 2019 업데이트' 보고서를 발간하여 연방정부 차원의 AI R&D 정책을 강화하고, 자유주의 질서를 존중하는 접근하에 AI 4대 목표를 설정했다. 첫째, AI 분야에서 미국의 리더십 유지, 둘째, 미국 노동자에 대한 지원 확대, 셋째, 공공 R&D 촉진, 넷째, 혁신 장벽 제거 등이다. 이런 목표하에 AI 기반 기술 배포에 대한 규제 장벽을 제거하여 신산업 창출을 촉진하고, AI의 군사적 활용과 행정 서비스 적용에 중점을 두고 정책을 추진했다.

2019년에는 민관 파트너십(Public-Private Partnership)이 추가적인 전략 계획으로 제시되었다. 산업계와 학계뿐만 아니라 국제 협력을 추진해 AI 기술 발전을 도모하고, 이러한 기술 발전이 미국 경제와 안보에 확산될 수 있도록 공개하는 것을 AI 발전의 주요 전략으로 삼았다. 미국의 AI 기술 개발 프로젝트에는 영국, 캐나다 등이 함께 참여하고 있다.

2021년 출범한 바이든 정부도 트럼프 정부가 추진해온 AI 정책을 기반으로 'AI.gov'를 출범시켜서 이어 갔다. 정부 공식 웹사이트인 AI.gov는 신뢰할 수 있는 AI

를 설계 · 개발하고, 책임 있는 사용과 연방정부 활동에 대한 정보 공유를 목적으로 한다. 이를 위해 정책 문서와 전략, AI의 적용, 국가 AI 이니셔티브의 활동을 구체화하는 데 도움이 되는 기관과 연방 자문 위원회의 최신 뉴스와 업데이트에 이르기까지 많은 정보를 제공하고 있다. 의회가 만든 '국가 AI 이니셔티브'도 미국의 AI 연구 개발 리더십 지속, 공공과 민간 부문의 신뢰할 수 있는 AI 개발과 이용 측면에서 미국이 세계를 선도할 수 있도록 보장하고 있다. 경제와 사회 전 분야에 걸친 AI 시스템 통합을 위해 미국이 인력 양성을 준비해야 한다고 강조했다. 또한 AI.gov는 AI 연구와 발전, 확산, 거버넌스 구축을 위한 서비스를 제공할 계획이라고 밝혔다.

정부는 AI.gov에서 미국의 AI 정책이 가치 중심의 국제 협력을 추진하고 있음을 천명했다. 미국은 민주주의 가치와 이익에 부합하는 방식으로 AI 연구 개발을 지원하고, 미국 AI 산업의 판로를 개척하겠다는 의지를 명확하게 밝혔다. 자유민주주의 가치를 기반으로 AI 국제 협력과 파트너십을 지원한다는 것이다. 미국은 AI 기술이 인권과 기본적 자유를 존중하는 '핵심 가치'를 반영하며 인권을 위해 사용되어야 함을 강조하고, AI 대외 정책을 추진할 때도 글로벌 동맹국들과의 협력을 중시한다

(https://www. ai.gov/about/ #ABOUT -ARTIFICIAL-INTELLIGENCE).

국제 협력 주도

미국은 글로벌 동맹국과 AI 협력의 범위를 넓히고 있다. 영국과는 우선적으로 상호 AI 파트너십의 중요성을 인식하고, 2020년 9월에 AI R&D 협력에 관한 선언문을 발표했다. 양국 간 협력 방안에는 향후 R&D 협력 우선순위 권고, AI 기술의 상업적 기회 창출, 연구자 · 학생 협력 증진, 민관 협력 강화 등이 포함된다. 또한 경제협력개발기구(OECD) 국가들과 공동으로 인간 중심의 'AI 권고안'을 마련해 AI의 보편적인 원칙 추구에 앞장서고 있다.

국방 분야 안전을 위한 AI 파트너십도 진행하고 있다. 2019년 2월에는 군사 분야에서 AI 기술 활용의 중요성을 강조하고 '국방부 AI 전략(DoD AI Strategy)'을 발표했다. 국방부는 AI 전략 이행 전담 조직으로 '합동 AI센터(Joint Artificial Intelligence Center, JAIC)'를 설치하고 국방부의 AI 활용 역량을 증진하고 있다. 이 AI센터는 AI를 책임감 있게 채택하는 정책을 추진하고, 가치 기반(자유민주주의)의 글로벌 리더십을 제공함을 강조한다.

미국은 2020년 9월 다자간 AI 국방 파트너십 창립총회를 개최했는데, 여기에는 한국을 비롯하여 영국, 호주, 캐나다, 덴마크, 에스토니아, 핀란드, 프랑스, 이스라엘, 일본, 노르웨이, 스웨덴이 참여했다. 이는 국가 방위를 위한 파트너십을 체결해 미국의 가치 공유국들과 책임 있는 AI 이용을 촉진하고, AI 윤리 구현에 대한 공동의 이익과 지속적인 협력을 발전시킨다는 것이다.

AI국가안보위원회(NSCAI, National Security Commission on Artificial Intelligence)는 2021년 3월에 발표한 AI 기술 관련 최종 보고서(Final Report)에서 향후 10년 이내에 중국이 AI 분야에서 미국을 추월할 수 있다고 평가하고, 기술 동맹, 인재 확보, 지식재산 보호, 반도체 산업 육성 등 국가적 역량을 결집하여 중국의 AI 기술 굴기를 막아야 한다고 강조했다. 국가정보국(DNI, Director of National Intelligence) 산하 국가방첩안보센터(NCSC, National Counterintelligence and Security Center)도 미국이 국제사회에서의 위상을 유지하기 위해 앞서야 하는 다섯 가지 기술 중 AI를 최우선으로 꼽았다(조은교, 2021).

AI 기술 분야에서 중국이 집중적으로 추격하자 미국은 중국과 거래하는 테크 기업을 단속하고, AI의 필수 부품인 반도체 공급망을 통제하는 등 중국을 견제하는 데 나섰다. 미국 정부는 중국의 AI 개발을 주시하면서 필요한 조치를 취해 왔다. 2019년 10월 안면 인식 기업을 제재 리스트에 올린 것이 대표적이다. 신장웨이우얼 지역에서 소수민족 인권침해에 AI 안면 인식 기술이 사용된다는 이유로 센스타임(SenseTime) 등 관련 기업을 제재 리스트에 올리고 수출을 통제했다. 2020년 8월에는 틱톡의 모기업 바이트댄스(Bytedance)에 대해 미국 사업 부문을 매각하라는 행정명령을 내렸다. 중국 정부가 틱톡을 사용하는 미국인의 개인 정보에 접근할 수 있어 국가 안보에 위협이 된다는 이유에서였다.

이런 연장선상에서 AI에 대한 국제 동맹이 재편되고 있다. 미국은 AI 분야에서 중국을 배제하고 새로운 글로벌 표준 구축을 시도하고 있다. 2020년 6월에 발족한 AI 글로벌파트너십(GPAI, Global Partnership on AI)에는 미국을 비롯하여 한국, 영국, 캐나다, 프랑스, 독일, 일본 등 자유민주주의 국가들이 참여하고 있다.

미국은 AI 기술 연구를 촉진하면서 AI 시대를 대비한 가치 기준을 확립하고 거버넌스를 구축하고 있다. AI 가치를 정립해야 강력하고 자유로운 서비스를 국민에게 제공할 수 있다고 밝히며, 미국 중심의 AI 국제 안보 파트너십을 확대하고 있다.

참고문헌

조은교(2021.8). 미·중 AI 경쟁에 대응하는 중국의 전략과 시사점. ≪KIET 산업경제≫, 59 – 68쪽.

홍석훈(2021). AI 기반 사회를 대비한 미국의 AI 전략과 정책: AI R&D 분야를 중심으로. ≪한국과 국제사회≫, 5(4), 203 – 224쪽.

https://www.ai.gov/about/#ABOUT-ARTIFICIAL-INTELLIGENCE(검색일: 2024.7.15).

03
중국의 AI 전략

중국 정부는 일찍이 AI를 차세대 기술의 핵심으로 보고 적극적으로 개입했다. 중국은 국가 주도로 AI 기술 개발에 나서며 기업들을 이끌고 있다. 정부 차원에서 대규모 투자, 인력 양성, 데이터 개방 · 공유 등 국가 주도적 정책을 추진하며 미국과 함께 AI 양대 강국으로 자리매김했다. 특히 중국은 기술 자립을 통해 독자적인 AI 기술 패권을 목표로 한다.

중국의 굴기

개혁 · 개방 정책으로 2001년 세계무역기구(WTO)에 가입하고 글로벌 공급망에 편입되어 '세계의 공장'으로서 급속한 경제 발전을 이룬 중국이 2010년대 이후 국제적으로 자국의 목소리를 내기 시작했다. 특히 2008년 세계 금융 위기 이후 중국은 도광양회에서 분발유위(奮發有为)로 전환해 공세적인 외교와 전랑(战狼 · 늑대 전사) 외교를 펼치며 중국의 핵심 이익을 해외에서 적극적으로 추구하는 것으로 노선을 변경했다. 이에 따라 '일대일로'(2013년), '중국제조 2025'(2015년), '아시아인프라투자은행(AIIB)' 창설(2016년) 등 일련의 조치들이 잇따랐다. 시진핑은 중화 민족의 위대한 부흥을 실현하겠다는 중국몽(中國夢)을 명분으로 2022년 20차 당대회에서 3연임에 성공해 국가 통제를 더욱 강화했다. 반부패 운동, 국유 기업 개혁, 민영 빅 테크 기업에 대한 규제 강화, 외교 안보와 정치에서 중앙 집권 강화가 이어졌다.

시진핑 정부가 중국몽을 실현하기 위한 주요한 수단 중 하나가 바로 AI 발전이다. 2012년 이후 AI 분야는 정부의 전폭적인 지원과 투자에 힘입어 양적 · 질적 성장을 해 왔다. 이는 경제성장뿐만 아니라 국가 안보 분야에 이르기까지 국정 전반에 걸쳐 AI 융합을 가속화하며, 더 나아가 글로벌 AI 선도국으로 도약한다는 로드맵에 따른 것이다. 그런 만큼 중국 정부가 AI에 거는 기대는 매우 크다.

중국의 인터넷 대기업들과 초기 도입자들이 AI 연구에 대규모 투자를 한 결과 중국에서 AI의 경제 효과는 크다는 평가를 받고 있다. 첫째, 교육받은 방대한 인구를 배경으로 전자상거래와 복잡한 공급망의 더욱 통합된 역량은 중국에서 AI 시스템의 '훈련(training)'에 필요한 충분한 데이터를 생성하고 있다. 둘째, 첨단 기술 산업에 수년간 선제적 투자를 해 온 중국은 AI 도입 준비 측면에서 다른 신흥 시장 국가들보다 유리한 위치에 있다. 역사적으로, 대규모 투자 주기는 새로운 기술의 광범위한 도입에 앞서 이루어지는데, 2024년 6월까지 장비 제조에 대한 투자가 연평균 11% 증가하여 GDP 성장 속도의 두 배 이상을 기록했다(루이즈 루, 2024).

중국의 AI 굴기

중국 정부는 2017년 7월에 발표한 '차세대 AI 발전규획'에서 AI 발전을 3단계로 진행하겠다고 밝혔다. 이 계획에 따르면 1단계에서는 2020년까지 AI의 전반적 기술과 응용을 세계 선진국 수준으로 끌어올리고, AI 산업을 새로운 경제성장의 축으로 발전시킨다. 2단계는 2025년까지 AI 일부 기술과 응용 부문에서 세계를 선도하는 수준에 도달하게 하며, 특히 스마트 시티, 스마트 농업, 스마트 의료 등의 분야에 집중한다. 3단계는 2030년까지 AI 이론, 기술과 응용 부문 전체에서 세계를 선도하는 수준에 도달하게 한다는 계획이다(정덕구 외, 2022).

이를 위해 ① 과학 이론 구축, ② 산업 지능화, ③ 사회 지능화, ④ 군민 융합, ⑤ 기초 인프라 구축, ⑥ 과학기술 프로젝트 선행 배치 등 여섯 가지 중점 임무를 수행하는 계획을 마련했다. 여기에서 두 가지가 특징적이다.

먼저 과학 이론 구축에서 중국은 AI 분야 학술 성과에서 세계 1위를 목표로 하고 있다. 중국은 AI 관련 논문 수와 질, 소프트웨어와 컴퓨터 서비스 등에서 빠른 성장세를 보였다. 과학 학술지 ≪네이처(Nature)≫는 최상위 학술지에 게재된 연구 논문의 기여도 등을 분석해 연구 역량을 평가했다. 네이처 인덱스의 국가별 평가를 보면, 중국은 2024년에 처음으로 미국을 제치고 1위에 올랐다. 2024년 8월 한국과학기술기획평가원(KISTEP)이 공개한 '국가전략기술 R&D 인력 실태조사'에서도 지난 6년 동안 중국의 AI 연구자는 약 41만1000명, 논문 수는 22만 건으로 세계 1위를 기록했다. 미국은 연구자 12만

명, 논문 8만8000여 건이었다.

또한 AI 분야에서 군민 융합 강화를 내세우고 있다. 군과 민간 AI 기술의 양방향 전환, 혁신 자원의 공동 구축 전략은 미래 전쟁에서의 승리뿐만 아니라 국가가 제시하는 전략 목표와 전략 이익 실현을 지원하는 역할을 포괄한다. AI 주도권 확보가 중화 민족의 위대한 부흥에 주요한 동력이 될 것이라고 인식하는 중국의 국방 전략은 AI 기술 발전과 활용 경쟁을 확대해 가고 있다.

중국은 2035년까지 인민해방군의 현대화를 완성하고, 2050년까지 세계 일류의 강한 군대를 만든다는 '강군몽(强軍夢)'을 비전으로 제시했다. 강군몽의 핵심 개념은 군사 지능화이며, AI 등 첨단 과학기술 기반의 군사 현대화가 중심에 있다. 중국은 2019년에 발표한 국방 백서에서 전쟁의 양상이 정보화 전쟁에서 지능화 전쟁으로 나아가고 있다고 강조하며, 중국의 무기 현대화가 기계화, 정보화를 넘어 지능화 단계로 발전해야 한다고 주장했다. 중국은 AI가 국방과 군사 지능화 건설의 중요 추동력이라고 보고, 무인 작전, 정보 수집과 처리, 군사훈련, 사이버 공격, 지능화 지휘 통제, 정책 결정 등 군사 분야에 광범위하게 적용되어 '게임체인저' 역할을 할 가능성이 높다고 인식하고 있다(차정미, 2022).

중국은 AI 시장 생태계를 정부의 철저한 계획과 주도 아래 만들어 왔다. 중국 과학기술부 산하 차세대 AI 발전 위원회는 AI 산업의 발전과 기술 표준 확보를 목적으로 '국가 차세대 AI 개방 혁신 플랫폼' 15곳을 선정했다. AI를 세부 영역으로 나누어 중점 기업을 육성하는 동시에 이들 기업이 일종의 플랫폼 역할을 해서 관련 생태계를 만들도록 지원하는 것이다. 그 일환으로 2017년 11월에 바이두(자율주행차), 알리바바(스마트시티), 텐센트(헬스케어), 아이플라이텍(음성인식), 센스타임(안면 인식) 등 다섯 개 기업과 특화 플랫폼을 지정했다. 그리고 2년 뒤인 2019년 8월에는 이투테크놀로지(비주얼 컴퓨터), 징동(스마트 공급망), 마이닝램프(마케팅), 메그비(이미지 감지), 화웨이(기초 SW/HW), 치후(보안), 평안보험(금융), 티에이엘(교육), 하이크비전(영상 감지), 샤오미(스마트홈) 등 10개 기업을 추가로 선정했다. 이들 15개 기업은 모두 중국을 대표하는 기업들이다.

미국의 견제에 대응

이러한 중국의 AI 굴기에 대해 미국은 기술 경쟁 전략 차원에서 중국의 AI 발전을 견제하고 있다. 예컨대 미국과 중국의 AI 공동 연구 증가율은 매년 큰 폭으로 하락하고 있다. 2019년에 28.2%였던 비중이 불과 1년 만인 2020년에는 12.6%로 절반으로 하락하고, 2021년에는 2.1%로 하락하는 등 기초연구와 인력 양성 부문에서 미중 협력이 줄어드는 추세다(김선엽, 2024).

이러한 미국의 AI 견제에 대응하는 중국의 전략은 크게 세 가지로 나뉜다.

첫째, AI 기술 자립을 적극적으로 추진한다. 중국 정부는 2020년에 14차 5개년 규획(2021~2025)을 발표하고, 과학기술의 자립을 국가 발전 전략으로 제시하면서 과학기술 혁신 7대 분야를 선정하고 AI를 가장 먼저 꼽았다. AI를 전략적 신흥 산업, 디지털 경제 육성을 위한 중점 산업에 포함하고, 미국에 비해 다소 뒤처진 알고리즘 분야와 AI 제조 분야에 대한 육성을 강조한다. 또한 AI 칩이 중요한 만큼 AI 칩 연구 개발 등을 독려하고 있다.

둘째, AI 기술 표준 결정에서 주도적인 역할을 강화한다. 중국 정부는 일찍이 국제 표준화의 공적 표준화 기구인 국제전기통신연합(ITU), 국제표준화기구(ISO), 세계전기기술위원회(IEC) 등에서 적극적으로 활동해 왔다. 지난 10여 년간 여러 국제표준화기구 대표로 선출되면서 어젠다 설정이나 의장 지명을 주도하고 국제 표준화

제정에 영향력을 확대해 왔다. 또한 중국 AI 기술의 글로벌 확대에 대한 제재를 우려하여 표준 결정에서의 역할을 더욱 강조하고 있다. 14차 5개년 규획에서도 디지털 분야의 국제 규범과 표준 제정에 적극 참여할 것을 강조해 국제표준 분야에서 주요 AI 기업의 가시적인 성과도 나타나고 있다.

셋째, 데이터 통제를 강화한다. 중국 정부는 AI 기술 개발 자립, 표준 제정을 통한 해외 진출 등 공격적인 전략과 함께 데이터 통제를 강화하는 방어적인 전략도 병행하고 있다. 중국 정부의 플랫폼 기업 규제 확대는 중국 경제 운영 방식의 변화와 중국 정부의 플랫폼 기업 통제력 강화라는 목적도 있으나, 데이터를 둘러싼 미중 간 기술 경쟁에 대응하기 위한 목적도 있다.

중국 정부는 「사이버보안법」, 「데이터보안법」, 「개인정보보호법」 등 데이터 3법을 비롯해 여러 법률을 공표했다. 2021년 9월에 시행된 「데이터보안법」은 중국 정부가 중국 내에서 생성된 데이터의 국외 이전을 제한하고, 이동 시에는 중국 정부 방침을 따라야 함을 명문화했다. 데이터에 대한 보안의무 강화, 위법행위에 대한 과징금 인상, 교통 분야에서의 데이터 관리 등이 강화되었다. 특히 교통 부문은 차량의 센서, 카메라, 애플리케이션 등을 통한 데이터 수집 · 활용에 대해 엄격하게 규제할 것을 명시할 정도였다. 이는 중국의 데이터 유출을 더욱 엄격하게 관리하겠다는 의미다(김송즉 · 유호근, 2022).

중국 내에서 시장점유율을 확대해 온 테슬라도 제재 대상에 올랐다. 테슬라의 자율주행 데이터가 미국으로 유출될 수 있어 국가 안보에 위협이 된다는 이유로 「데이터보안법」에서 통제를 강화한 것이다. 중국은 디지털 경제의 핵심이라 할 수 있는 데이터에 대한 보안을 강화하여 중국의 기술 경쟁력을 폐쇄적으로 확보하려고 한다. 그와 동시에 시장규제 수단을 동원하여 자국의 디지털 시장 규모를 확대하여 자국의 디지털 기업이 글로벌 기업으로 성장할 수 있는 환경을 조성하기 위해 노력하고 있다.

중국은 2024년도 정부 업무 시책에 AI의 R&D 응용 심화 및 'AI+ 이니셔티브(AI 산업육성책)' 시행을 통해 국제적으로 경쟁력 있는 디지털 산업 클러스터 조성 목표를 명시했다. AI 기업 클러스터는 '기본 자원-핵심 기술-응용 산업'을 연계하는 가치 사슬을 형성하여 AI 산업화와 산업 지능화 클러스터들 간의 상호작용으로 AI와 실물경제의 통합을 촉진한다는 것이다. 여기에서 AI 산업화는 AI 기술을 제품화해 신산업을 창출하는 데 초점을 맞추며, 산업 지능화는 기존 산업과 AI를 융합(AI+)해 새로운 산업 생태계를 형성하는 것을 목표로 한다.

데이터는 AI를 학습시키기 위한 기본 자원이다. 따라서 데이터를 둘러싼 미중 경쟁은 기존의 안면 인식, 슈퍼컴 등의 분야뿐만 아니라 AI 플랫폼 등 다양한 분야로 확산되고 있다.

참고문헌

김선엽(2024). 중국 AI 범용화 정책이 한국에 주는 시사점: 국제적 고립을 산업고리로 적극적인 전환체계 구축 중. ≪과학기술정책 Brief≫, Vol.29, 1 – 4쪽. 과학기술정책연구원,

김송죽·유호근(2022). 시진핑 시기 중국 인공지능의 현황과 전략. ≪국제정치연구≫, 25(1), 241 – 273쪽.

루이즈 루(2024.7.29). 중국에서 AI의 경제 효과는 생각보다 크다. ≪중앙일보≫.

정덕구 외(2022). 『한국의 거대 중국 극복하기. 극중지계 2. 경제 편』. 김영사.

차정미(2022). 미중 패권경쟁과 AI 군사력 경쟁. ≪국가전략≫, 28(3), 5 – 31쪽.

04
유럽연합의 AI 전략

유럽연합은 세계 최초로 AI 개발·사용에 대한 규범 틀로서 「AI법(AI Act)」을 제정하여 AI 규범 논의를 주도하고 있다. 「AI법」은 AI가 초래할 수 있는 위험을 평가하여 4단계로 분류하고, 위험도에 따라 서로 다른 규제를 적용하도록 했다. 이러한 방향은 미국이나 중국에 비해 기술력이 뒤처진 유럽이 AI 기술 발전과 산업 경쟁력, 글로벌 리더십 구축과 관련해 역내 산업을 보호하고 해외 빅 테크 주도를 늦추기 위한 것이다.

AI법에 이른 경과

유럽연합의 AI 규제 논의는 일찍이 2018년부터 시작되었다. 2018년 4월 '유럽의 AI 전략' 수립을 시작으로, 2018년 12월 'AI 합동계획' 발표, 2019년 4월 전문가 그룹의 '신뢰할 수 있는 AI 윤리기준' 발표, 2020년 2월 'AI 백서' 발간 등으로 이어져 왔다. 그리고 EU 집행위원회는 2021년 4월 AI 법안 초안을 발의했다. EU의 AI 법안은 2021년에 제정될 것처럼 보였으나, AI의 급속한 발전에 대한 윤리적인 논란으로 지연되었고, 2022년 11월 챗GPT 발표로 더 연기되었다.

2022년 12월 27개 회원국 대표들이 집행위원회의 제안을 심의 · 의결하는 EU 이사회에서 수정안을 마련했고, 2023년 5월 EU 의회가 내부시장위원회(Internal Market Committee)와 시민자유위원회(Civil Liberties Committee)의 논의를 거쳐 법안 수정안이 채택되어, 2023년 6월에야 유럽의회를 통과(찬성 499표, 반대 28표, 기권 93표)했다.

수정안은 초안이 제안됐을 당시와 달리 챗GPT 등 생성형 AI가 상용화되면서 변화한 환경 등을 반영했다. AI의 개념 정의, 금지되는 AI 사용 영역, 고위험 AI의 분류기준과 그에 따른 요구 사항, 범용 AI(general-purpose

AI) 규제 등을 수정하거나 추가했다.

그리고 2023년 12월 EU 집행위원회, 유럽의회, 이사회 간 3자 협상에서 최종 합의가 이루어졌다. 이 과정에서 프랑스 · 독일 · 이탈리아 등이 자국 기업들의 경쟁력 약화를 우려해 생성형 AI 규제 등을 완화할 것을 주장하면서 협상에 난항을 겪었으나, 유명 인사에 대한 딥페이크 음란물이 확산하는 등 생성형 AI의 위험성을 우려하는 여론이 높아지면서 논의가 빨라졌다. 이후 2024년 3월 본회의를 최종 통과함으로써 세계 최초로 AI 규제법이 탄생했다(박영흠 · 오세욱, 2024).

AI법

유럽연합 「AI법」의 핵심은 AI 허용이냐 제한이냐의 이분법적 접근에서 벗어나 AI 활용 분야를 네 단계의 위험 등급으로 나누어 차등 규제하는 데 있다.

「AI법」은 AI 시스템을 효과적으로 규제하기 위해서는 위험 기반 접근(risk-based approach)이 필요하다고 보았다. 따라서 AI가 초래할 수 있는 위험을 평가하여 '수용 불가능한 위험(unacceptable risk)', '고위험(high risk)', '제한적 위험(limited risk)', '저위험(minimal risk)' 등 4단계로 분류하고, 위험도에 따라 서로 다른 규제를 적용하도록 한 것이 특징이다.

첫째, '수용 불가능한 위험' 등급의 AI 기술에 대해서는 기술 개발과 시장 출시가 원천적으로 금지된다. 그러한 기술 유형으로는 인간의 잠재의식을 조작하거나 기만하는 기술로 의사 결정 능력을 손상해 특정 행동을 유도하는 시스템을 들고 있다. 연령, 장애, 특정한 사회·경제적 상황에서 비롯된 취약성을 악용해 개인이나 집단을 착취하고 행동을 조작하는 시스템도 금지된다. 인간의 생체 인식 데이터를 기반으로 인종, 정치적 견해, 노동조합 가입, 종교적 신념, 성적 지향 등 개인적 속성을 추론하여 인간을 분류하는 시스템도 금지된다.

이러한 입장은 중국과 확연히 다르다. 중국에서는 사회적 행동이나 특성을 기반으로 인간이나 집단을 평가 또는 분류하여 차별적 대우를 하는 사회적 점수 평가(social scoring) 시스템을 도입하여 논란이 되었다. 중국에서는 안면 인식 CCTV 등 공공장소에서 실시간 원격 생체 정보 인식 시스템을 활용하고 있고, 인터넷이나 CCTV 영상에서 무차별적으로 이미지를 수집해 안면 인식 데이터베이스를 구축하거나 활용하는 시스템도 운영되고 있다. 그러나 유럽에서는 이들이 모두 금지된다.

둘째, '고위험' 등급의 AI 기술은 매우 높은 수준의 의무 요건을 준수하는 경우에만 시장 출시나 서비스 제공이 가능하다.

AI 시스템이 기계, 완구, 승강기, 전파 기기, 고압 기기, 케이블카, 자동차, 의료 기기 등 제품의 안전 구성 요소로 사용되거나 제3자의 적합성 평가를 받는 제품이 여기에 해당된다. 도로 교통, 수도, 가스, 난방, 전력 공급 등 핵심 기반 시설이 고장이나 오작동으로 생명이나 건강에 큰 영향을 미칠 수 있는 경우도 이에 해당된다. 채용 · 승진 · 해고의 결정, 업무 할당, 성과와 행동에 대한 모니터링과 평가 등 고용이나 근로자 관리와 관련된 시스템과 교육이나 직업훈련 기관에 대한 접근 또는 허가, 학습 결과에 대한 평가나 교육 대상자의 행동에 대한 모니터링과 관련이 있는 시스템도 마찬가지다. 유럽은 난민 문제가 심각하기 때문에 입경한 사람에 대한 거짓말 탐지나 위험 평가, 서류의 신뢰성 평가 등 이민 · 난민 · 출입국 관리 시스템도 해당된다.

'고위험' AI 시스템이 출시되기 위한 요건도 명시하고 있다. 즉, AI 시스템은 건강 · 안전 · 기본권에 미칠 수 있는 위험을 식별 · 분석하고 적법한 조치를 채택하는 위험관리 시스템을 수립하고 전 생애주기에 걸쳐 유지되어야 한다. 훈련 · 검증 · 시험 데이터 세트의 관련성,

대표성, 무오류성, 완전성을 위하여 적절한 데이터 거버넌스의 적용을 받아야 한다. 의무 요건 준수를 입증하는 기술 문서(technical documentation)를 출시 전에 작성하고 지속적으로 업데이트해야 한다. 로그를 자동 기록 · 보관해야 한다. 활용자들이 해석 · 이용할 수 있도록 시스템 목적 · 성능 · 위험성 · 변경 사항 등의 정보를 투명하게 제공해야 한다. 인간에 의해 건강 · 안전 · 기본권에 대한 위험성을 감독받아야 하고, 합당한 수준의 정확성(accuracy), 견고성(robustness), 보안(cybersecurity)을 달성해야 한다.

셋째, '제한적 위험' 등급의 AI 시스템은 범죄 인지 · 예방 · 수사에 활용하는 경우를 제외하면 투명성(transparency) 의무 대상이 된다. 인간과 상호작용하도록 의도된 AI 시스템은 이용자가 AI와 상호작용하고 있다는 사실을 알 수 있도록 설계 · 개발되어야 한다. 감정 인식 시스템과 생체 정보 기반 범주화 시스템은 여기에 노출된 인간에게 알리고 규정에 따라 데이터를 처리해야 한다. 딥페이크로 이미지, 오디오, 동영상 콘텐츠를 생성하거나 조작하는 AI 시스템의 경우, 콘텐츠가 인위적으로 생성 · 조작되었다는 사실을 쉽게 알 수 있도록 공개해야 한다.

넷째, '저위험' 등급의 AI 시스템은 별도의 법적 규제 없이 개발 · 활용이 가능하지만, 투명성 등 자율적인 행동 강령을 수립하고 준수할 것을 권고받는 경우다(성경모, 2024).

「AI 법」은 챗GPT 등 범용 AI(general purpose AI) 모델 제공자에게 투명성 의무를 강조한다. 특히 범용 AI 모델 제공자는 범용 AI 모델의 훈련 · 시험 과정과 평가 결과를 포함해 모델의 기술 문서를 작성하고 최신 상태로 유지해야 한다고 규정하고 있다. 또한 EU 저작권법을 준수하는 정책을 마련하고 범용 AI 모델의 학습 과정에서 사용된 콘텐츠에 대해 정해진 양식에 따라 충분히 상세한 요약을 공개적으로 제공해야 한다. 그리고 공적 관심사를 공중에게 알릴 목적으로 발행되는 텍스트를 생성하거나 조작하는 AI 시스템을 활용하는 유통자는 해당 텍스트가 AI에 의해 생성되거나 조작되었음을 공개해야 한다.

참고문헌

강진원·김혜나(2024). EU 인공지능 규제 현황과 시사점. ≪KISTEP 브리프≫, 119호.

박영흠·오세욱(2024). EU AI법(AI act)의 주요 내용과 미디어 업계 영향, 시사점, ≪미디어 정책 리포트≫. 한국언론진흥재단.

성경모(2024). EU AI법 시행과 한국의 대응, ≪과학기술정책 브리프≫, Vol.31. 과학기술정책연구원.
European Parliament Research Service(2024.3), "Artificial intelligence act", Briefing document of EU legislation

05
한국의 AI 전략

한국은 미국이나 중국에 비해 기반 기술 분야는 약하지만, AI 응용 기술과 산업, 서비스 활용의 가능성이 크고 국가 전략적으로 AI 분야에서 경쟁력 강화에 힘쓰고 있다. 그러나 인터넷 인프라, 디바이스 기술, 초기 AI 기술 등 AI 생태계에서 유리한 요인들이 있음에도 불구하고, 아직 기업의 부진과 미진한 정부 정책 등으로 갈 길이 멀다.

부진한 테크 기업

2023년 영국 데이터 분석 미디어 토터스인텔리전스가 발표한 글로벌 AI 지수 조사에서 한국은 6위로 평가됐다. 일곱 가지 평가 기준 점수를 종합해 산출했는데, 한국은 민간투자 부문(18위)에서 부족하다는 평가를 받았다. AI 상장기업 수는 여섯 개로 일본(26개)과 대만(9개)보다 적었고, AI 기업당 평균 투자 규모는 19위였다.

한국의 AI는 네이버 등 빅 테크 기업들이 주도하고 있다. 네이버는 2023년 8월 초거대 AI '하이퍼클로바X'를 발표했다. 2021년에 '하이퍼클로바'를 공개했던 네이버는 챗GPT 대비 한국어를 6500배 더 많이 학습한 언어 모델인 하이퍼클로바X를 통해 일상생활에서 활용할 수 있는 AI를 모색하고 있다고 밝혔다. 하이퍼클로바X는 국제적으로도 한국의 대표 AI 모델로 인정받았지만 공개 이후 크게 도약하지 못하고 있는 실정이다. 특히 멀티모달(이미지 · 비디오 · 오디오 등 데이터 동시 처리 기술) 기술은 여전히 미흡하다.

삼성과 LG도 국내 AI를 이끄는 핵심 축이다. 메모리 반도체 1위 삼성전자는 대규모 데이터 처리를 요구하는 AI 학습 · 연산에 적합한 고대역폭 차세대 메모리 등을 개발해 AI 수요에 대응하는 메모리의 새 시대를 열고자 한다. LG는 AI연구원에서 개발한 초거대 AI '엑사원(EXAONE)'을 중심으로 AI 사업을 이끌고 있다. 엑사원은 '인간을 위한 전문가 AI(EXpert Ai for everyONE)'라는 의미다. 엑사원은 특정 용도에 국한되지 않고, IT · 금융 · 의료 · 제조 · 통신 등 다양한 분야에서 적용을 확대하고 있다.

SK텔레콤, KT, LG유플러스 등 이동통신 3사는 정보통신과 연계된 AI 개발에 주력하고 있다. SKT는 초거대 AI 서비스를 공개했고 AI 개인 비서 서비스 '에이닷(A.)'도 선보였다. LG유플러스는 사람과 사람의 연결을 돕는 AI '익시(ixi)'를 통해 스포츠 승부 예측, 상담사, 가계 지킴이 등을 돕는 서비스를 출시했다.

빅 테크 기업뿐만 아니라 다양한 영역에서 AI 기술을 적용하려는 스타트업도 등장하고 있다. '엑스엘에이트'는 구어체를 번역하는 AI를 활용해 번역을 한 단계 향상하는 서비스다. '라이너'는 챗GPT를 뛰어넘는 AI 기반 검색 플랫폼을 목표로 한다.

한국은 자체 초거대 AI를 보유한 극소수 국가 중 하나로, 자체 AI 생태계를 발전시키고 글로벌 AI 패권 경쟁에서 역할을 할 수 있는 잠재력을 갖고 있다.

한국의 테크 기업들이 다양한 AI 서비스를 모색하고

있지만 글로벌 AI 기업과의 격차가 좁혀지지 않고 있다. 한국의 AI 기술 개발 현황을 봐도 낙관하기 어렵다. AI 경쟁력은 데이터와 자본이 좌우하는데 한국 기업들이 글로벌 빅 테크 기업 수준의 자본을 동원하는 것은 어렵다. 더욱이 기대했던 테크 기업의 AI 실패 사례도 발생할 정도다. 카카오는 2023년에 국민 메신저 '카카오톡'과의 결합으로 기대가 컸던 '코지피티(KoGPT) 2.0' 공개를 예고했지만, 서비스 완성도와 활용성 등에 의문이 제기되면서 공개하지 못하는 사태를 맞았다.

정부의 미진한 정책

한국 정부는 2016년 8월 제2차 과학기술전략회의에서 AI를 포함한 9대 국가 전략 프로젝트를 발표하여 그 시작을 알렸다. 2016년 12월에는 기술, 산업, 사회 등 분야별 중장기 정책 방향과 AI 로드맵을 수립한 '지능정보사회 중장기 종합대책'을 발표했다.

2019년 12월에는 'AI 국가전략'을 수립해 국가 차원에서 AI 발전 방안을 구체화했다. ICT 인프라, 반도체 · 제조 기술 등 강점을 극대화하는 전략으로 취약한 기술력을 보완하고 AI 응용 분야에서 경쟁력을 확보하겠다는 것이다. 이 전략은 AI를 국가 전략 차원의 경제 · 사회 전반 혁신 프로젝트로 보고, 기존의 IT 강국을 넘어 AI 강국으로의 도약을 비전으로 삼았다. 이 전략에 따르면 한국은 2030년까지 디지털 경쟁력 세계 3위, 지능화 경제효과 455조 원, 삶의 질 세계 10위를 달성하고자 한다. 구체적으로는 3대 분야(생태계, 활용, 사람 중심)와 9대 전략(① 인프라 확충, ② 전략적 기술 개발, ③ 과감한 규제혁신, ④ 스타트업 육성, ⑤ 인재 양성 국민교육, ⑥ 전(全) 산업 AI 도입, ⑦ 디지털정부 대전환, ⑧ 포용적 일자리 안전망 구축, ⑨ 역기능 방지 및 AI 윤리 마련)에 100대 실행 과제를 제시했다. AI를 산업 전반에 활용하면서도 사람과 AI의 공존, 사람 중심의 AI를 구현한다는 것이 핵심이다.

그러나 이러한 'AI 국가전략'도 실천력을 담보하지 못하고 있다. 국가 전략이라고 하지만 그동안 발표한 것들을 모아 놓은 수준에 불과하고, 한국 AI 정책의 특징을 발견하기 어렵다. 게다가 정부가 AI 진흥과 육성을 위해 AI기본법을 마련했지만 여야 대립 속에 국회는 법안을 통과시키지 못했다.

한국형 AI 모델

산업계와 정부의 난맥이 이어지는 가운데 2024년 들어 한국의 AI 발전을 새롭게 모색하려는 움직임이 나타나고 있다.

지금까지 AI 발전은 빅 테크 기업을 중심으로 초거대 언어 모델(LLM, Large Language Model)의 개발로 진행되어 왔다. 그러나 AI의 발전이 LLM에만 있는 것은 아니다. 기존의 LLM은 인터넷에 올라온 데이터를 이미 대부분 사용해서, 학습에 사용할 수 있는 데이터가 벌써 부족한 상황이다. 그렇다고 생성형 AI를 사용해 LLM 학습에 필요한 새로운 데이터를 만들어 내면 치명적인 오류가 발생할 수 있다. 따라서 향후에는 '소형 언어 모델(SLM, Small Language Model)'이 발전할 수 있다. 어떤 한 분야에 특화된 SLM은 범용 AI보다 정확한 예측과 논리가 가능하다. 재무 · 회계에 특화된 SLM, 공학에 특화된 SLM, 공정에 특화된 SLM 등 다양한 가능성이 열려 있다.

특히 한국이 세계적인 경쟁력을 갖고 있는 제조업에 SLM을 활용하면 다른 국가들과 차별화할 수 있다. 이런 방향으로 한국 AI 기업의 길을 여는 스타트업도 등장하고 있다. '인이지(iNEEJi)'는 AI에 기반한 예측을 통해 철강 · 시멘트 · 석유화학 등 제조업의 공정에 효율성을 높여 주는 방법을 제공하는 '제조산업 AI 예측 솔루션'을 비즈니스 모델로 하는 AI 기업이다. 인이지는 AI로 예측

해서 제조업의 공정을 제어하고 비용을 최적화하는 솔루션을 제공한다. 한국의 장점인 제조업에 AI를 적용하여 제조업의 혁신과 디지털 트랜스포메이션을 추진하는 것이다(최준호, 2024). 이런 사례는 한국의 AI가 나아가야 할 방향을 제시한다는 점에서 긍정적이다.

한국어와 한국 언어문화를 담은 데이터를 구축해 한국형 AI를 개발할 수도 있다. 한류 확산에 따라 높아진 한국어 학습 수요에 맞추어 한국어 글쓰기 향상과 한국 언어문화에 대한 궁금증을 풀어 주는 한국형 AI 서비스를 개발할 수도 있다.

그러나 여전히 문제도 많다. 시민사회 등에서는 아직도 AI 기술 개발을 촉진하기보다는 규제를 강화하는 방향으로 논의를 진행하고 있다. 진보네트워크, 정보인권연구소 등 시민단체들이 주축이 돼 유럽연합의 규제 강화를 따라가고 있는 것이다. 그러나 4장 유럽연합의 입장에서 살펴보았듯이 유럽연합은 미국과 중국에 뒤처진 상황을 타개하기 위해 규제에 나선 것이다. 한국은 아직 AI 강국이 아니지만, 그렇다고 유럽연합에 비교할 바는 아니다. 우리 스스로 발목을 잡을 필요는 없다. 그보다는 한국의 AI가 글로벌 AI 생태계에 자리 잡도록 해야 한다. 과거 증기기관이나 전기, 인터넷 등 혁신 기술이 등장했을 때 한국은 아무런 역할도 하지 못했지만, AI는 그렇지 않다. 한국이 추격자로서 선두 그룹에 올라설 여지가 많다.

정부는 2024년 들어 AI 추진 시스템을 새롭게 구축하고 있다. 2024년 4월, 인공지능-반도체를 미래 국가 기술 경쟁력의 3대 게임체인저 중 하나로 인식하고, AI G3(글로벌 3대 강국)로 도약하기 위한 전략인 'AI · 반도체 이니셔티브'를 발표했다. 5월에는 'AI 서울 정상회의'를 개최하고, 9월에는 국가인공지능위원회를 설치했다.

한국의 AI 전략이 초거대 AI 기술과 AI 규제에 치중할 필요는 없다. 그보다는 한국형 AI 모델을 구축하여 한국의 핵심 산업인 제조업의 역량과 연계한 의제 설정, 자유민주주의 가치에 부합하는 국제 협력에 적극 참여하는 등 역할을 재정립해야 한다.

참고문헌

과학기술정보통신부 보도자료(2024.4.25). 국가과학기술자문회의 전원회의 「인공지능-반도체 전략(이니셔티브)」 의결.

관계부처합동(2024). 『AI G3 도약을 위한 AI·디지털 혁신성장 전략』.

관계부처합동(2023). 『전국민 AI 일상화 실행계획』.

관계부처합동(2019). 『인공지능국가전략』.

최준호(2024.6.7). 인공지능 최적화 기술로 발전소·공장 생산 비용

절감. ≪중앙일보≫.

06
AI 칩 패권 경쟁

AI 발전에는 첨단 컴퓨터 칩이 필수적이다. 미국은 「반도체과학법」을 제정해 대중국 반도체 수출 통제에 나서고 있다. 반도체 글로벌 공급망은 이제 진영별로 권역화되는 방향으로 변화하여, 미국을 중심으로 한국, 대만, 일본, EU 등을 포괄하는 자유민주 진영과 중국, 러시아 등을 포함한 권위주의 진영으로 재편되고 있다.

AI 칩의 발전

AI 기술 발전에는 첨단 컴퓨터 칩이 필수적이다. 컴퓨터 칩은 AI 애플리케이션을 위해 더 많은 병렬 계산을 더 빠르게 수행하도록 변화되고 있다. 이제는 기존 컴퓨팅의 주력 장치인 중앙처리장치(CPU)에서 벗어나 AI의 컴퓨팅 요구 사항을 충족하기 위해 다양한 기술을 사용하는 그래픽 처리 장치(GPU)가 중심이 되었다.

GPU의 초기 버전은 1970년대 후반부터 사용되었으며, 화면의 픽셀 색상을 최대한 빠르게 렌더링하는 등 비디오 게임에 대한 반복적인 계산을 수행하도록 설계되었다. CPU는 명령을 순차적으로 처리하는 반면, GPU는 더 많은 명령을 병렬로 처리한다.

엔비디아(Nvidia)가 선두에서 변화를 이끌어 왔다. GPU의 성능을 계속 향상하면서 AI의 기능을 더욱 가속화하는 데 결정적인 역할을 했다. 엔비디아가 2022년에 개발한 호퍼(Hopper) '슈퍼칩'은 중요 테스트에서 이미지 분류부터 음성 인식까지 모든 범주에서 최고의 성능을 보여 주었다. 호퍼는 출시되자마자 AI를 강화하려는 기업이 선호하는 칩이 되었다. 엔비디아는 2023년 한 해에만 호퍼 칩 55만 개를 판매했다. 개당 최소 3만 달러인 이 강력한 칩은 데이터 센터를 구축하는 데 필수적이었다.

그런데 엔비디아는 호퍼 칩을 개발한 지 불과 2년 뒤인 2024년에는 훨씬 더 향상된 블랙웰(Blackwell) 칩을 개발했다. 이렇게 AI 발전에 따라 AI 칩이 계속 성능을 높여 가며 기술 패권 경쟁에서 중요한 비중을 차지하고 있다.

미국의 반도체 수출 통제

미국의 대중국 반도체 수출 통제는 「반도체과학법(CHIPS and Science Act)」 시행으로 본격화되었다. 더욱이 생성형 AI가 급속하게 발전하자 생성형 AI를 구동하게 하는 컴퓨터 칩을 생산하기 위한 글로벌 기술 경쟁이 더욱 촉발되면서 미국은 중국에 고품질 컴퓨터 칩 판매를 금지하는 등 강도를 늦추지 않고 있다.

2022년 10월 미국 상무부가 부과하고 1년 후 강화된 수출 통제로 인해 300테라플롭스 또는 초당 300조 회 작업 속도 이상으로 작동할 수 있는 칩을 포함하여 특정 기술의 중국 판매가 금지되었다. 또한 그러한 칩을 생산하는 데 사용할 수 있는 최첨단 제조 장비의 판매도 제한했다. 미국 정부는 수출 통제와 함께 성명을 발표하여, 중국이 "슈퍼컴퓨팅 역량 개발에 자원을 쏟아붓고 있고,

2030년까지 AI 분야의 세계적 리더가 되려고 하고 있기 때문이다. 중국은 이러한 역량을 사용하여 자국민을 감시, 추적하고 군사 현대화를 촉진하고 있다"고 그 이유를 분명히 했다.

AI 전문가들은 미국의 반도체 통제가 중국의 AI 기술 발전을 늦추고 있다고 보고 있다. 중국에 대한 제재로 인해 중국의 AI 모델 훈련이 '극적으로' 제한됐다는 것이다. 중국이 미국에 비해 적어도 5~10년은 뒤처진 상황이라고 보고 있다(O'Callaghan, 2024). 엔비디아와 인텔 등 미국 기업과 한국의 삼성은 현재 3nm 기술로 전환하고 있으며 심지어 2nm로 나아가고 있다. 그러나 중국의 화웨이가 추진하는 최선의 노력은 약 7nm 수준에 그치고 있다.

미국은 지속적으로 AI 생태계에서 중국을 제외해 왔다. AI 반도체 제조 장비의 중국 수출을 금지하기 시작해서 2020년에는 중국 최대 파운드리 기업인 SMIC 등을 블랙리스트로 지정했다. 그리고 2022년에는 AI 반도체와 군사용 반도체 개발을 막기 위해 GPU 수출을 금지했다. 2023년 10월에는 저사양 AI 반도체에 대한 수출 금지 조치도 추가했다. 칩에 이어 모델까지도 중국에 흘러가는 것을 막은 것이다. 미국은 첨단 AI 기술에 대한 중국의 접근을 더욱 제한하고 있다.

글로벌 공급망 재편

글로벌 공급망 이슈와 관련된 미중 기술 경쟁에서 가장 큰 현안은 AI 발전에 가장 핵심적인 요소인 반도체다. 미국의 원천기술이 세계 거의 모든 반도체에 사용되는 등 우위를 점한 가운데, 중국이 추격하고 있다. 중국은 세계 반도체 수요의 45% 내외를 차지하는데, 반도체 수입액이 원유 수입액을 상회할 정도로 반도체 자급률이 낮다. '중국제조 2025'가 반도체 자급률 70%를 목표로 내건 것은 이런 사정을 반영한 결과다.

미국은 중국을 압박하는 핵심 수단으로 반도체를 활용하고 있다. 미국 정부는 5G 통신 장비 문제로 논란이 된 화웨이의 공급망을 차단하기 위해서 TSMC를 압박하고 SMIC를 제재했다. 그러면서 미국 내 생산 비중이 44%밖에 안 되는 반도체 공급망의 복원력을 강화하기 위해 리쇼어링을 추구하는 한편, 미국의 반도체 기술혁신과 생산 역량 증대를 위한 포괄적인 계획을 수립했다.

또한 정부는 중국을 글로벌 공급망에서 배제하는 전략을 동맹국들과 공조하여 연합 전선 전략을 펴고 있다. 인도・태평양 경제프레임워크(IPEF), 주요 7개국(G7)

공급망 협력, 쿼드 반도체 협의체 등 전략적인 공급망 연대를 추구하는 것이다. 특히 공급망에 관한 최초의 복수국 간 협정이라고 할 수 있는 IPEF의 공급망 협정(2023년 5월 실질적 타결, 2024년 4월 한국에 대해 발효)은 더욱 안정적이고 회복력 있는 공급망을 구축하기 위한 협력 방안을 담고 있다. 여기에는 공급망 위기가 감지될 때 위기 발생국의 요청 후 15일 내 정부 간 고위급 협의체인 '위기대응 네트워크'를 가동하는 내용이 포함되었다.

이에 중국도 반도체 기술 역량을 강화하는 지원책 확대로 맞섰다. 2020년 8월 중국 국무원이 반도체 산업 진흥책을 발표한 데 이어, 2021년 3월에는 실행 계획을 발표한 것이 대표적이다. 중국 기업들도 최근 수년간 자체 개발에 주력해 왔다. 특히 중국은 AI 칩 고도화에도 속도를 내고 있다. 화웨이는 2023년에 AI 반도체 '어센드(성텅) 910B' 상용화에 성공했는데, 이것이 알고리즘 처리 성능에서 엔비디아의 A100과 경쟁할 수 있는 수준이라는 보도도 있다. 심지어 틱톡 운영사인 바이트댄스까지 나서서 미국 반도체 기업 브로드컴과 협업해 AI 반도체를 개발하기로 했다. 두 기업이 개발하는 칩은 5nm 첨단 반도체로, 반도체 업체가 사용자 주문에 맞춰 설계 · 제작하는 'ASIC(주문형 반도체)'다. 생산은 TSMC가 맡는다(김민정, 2024).

그간 전 세계적 규모로 밀접하게 연결되었던 공급망은 이제 진영별로 권역화되는 방향으로 재편되고 있다. 미국을 중심으로 한국, 대만, 일본, EU 등을 포괄하는 자유민주 진영과 중국, 러시아 등을 포함한 권위주의 진영으로 글로벌 공급망이 나눠지고 있는 것이다. 이러한 진영 대립은 러시아-우크라이나 전쟁을 계기로 더욱 표면화되었다. 개전 이후 미국과 서방 국가 중심으로 대러시아 경제제재와 수출 통제 공조가 이루어지고, 이에 맞서 러시아는 EU와 비우호국에 에너지 공급을 중단하면서 안보적 대립이 글로벌 에너지 공급망을 재편했다. 물론 과거 냉전시대와 달리 세계가 초연결되어 각국 경제의 상호 의존성이 상당히 진척된 상황에서 공급망을 완전히 분리하기는 어렵다. 따라서 대부분의 국가는 공급망 재편과 관련하여 탈동조화(decoupling)보다는 위험제거(derisking)의 방향을 선호하고 있기는 하다.

참고문헌

권석준(2022). 『반도체 삼국지』. 뿌리와이파리.

김민정(2024.6.28). 고립된 중국 AI굴기 속도. ≪중앙일보≫.

조은교(2022.1). 중국 반도체산업의 공급망 현황과 자립화 전략. ≪KIET산업경제≫, 42 – 50쪽. 산업연구원.

O'Callaghan, J.(2024.5.3). Who's making chips for AI? Chinese manufacturers lag behind US tech giants. *Nature.* doi: https://doi-org-ssl.openlink.inha.ac.kr/10.1038/d41586-024-01292-1

07
생성형 AI 경쟁

생성형 AI가 AI의 대중화를 견인하고 있다. 미국의 오픈AI는 챗GPT에 이어 GPT-4o, GPT-o1 등으로 계속 버전을 업그레드하고 있다. 이에 따라 중국도 바로 경쟁에 뛰어들어 중국의 빅 테크 기업들이 모두 생성형 AI 서비스를 개발, 확산하고 있다. 그러나 중국 정부는 생성형 AI가 사회주의 가치관에 충실하도록 규제에 나섰다.

생성형 AI 등장

2022년 11월 일론 머스크와 마이크로소프트가 참여한 오픈AI가 챗GPT를 공개하여 AI 생태계에 커다란 분기점을 마련했다. 챗GPT는 생성형 AI(Generative AI)의 한 모델이다.

생성형 AI는 이용자가 AI에게 어떤 것을 만들어 달라고 요구하면, 그 요구에 맞춰서 결과를 만들어 낸다. AI에게 어떤 내용을 학습시키는 것이 아니라 글이나 문장, 이미지 같은 데이터를 제공하고 나머지 부분을 예측하도록 해서 AI가 추상적인 표현을 배울 수 있도록 하는 것이다. 원본과 유사하지만 동일하지는 않은 새로운 이미지, 비디오, 오디오, 텍스트 또는 코드 등 창작물을 만들어 낸다. 머신러닝(기계학습)으로 인간의 언어와 지식을 습득해 대화(chat)하듯 답을 준다. 챗GPT는 출시 두 달 만에 월간 이용자 수 1억 명을 돌파했다.

챗GPT가 생성형 AI의 처음은 아니다. 2022년에 3대 이미지 생성형 AI라고 불리는 미국의 달리(Dall-E)2와 미드저니(Midjourney), 영국의 스테이블디퓨전(Stable Diffusion)이 일반에게 공개된 이후 AI가 만들어 내는 다양한 콘텐츠 수준이 인간이 만들어 내는 것과 동일하거나 더 나은 수준에 이르렀다고 평가하는 사례들이 등장하고 있던 터였다.

챗GPT가 사람처럼 자연스럽게 질문에 답하고 소설·시·논문도 써 주는 기능을 보여 줌으로써 이제 인류는 AI가 우리 삶에 가까이 다가와 있고, 그 역량이 대단하다는 것을 피부로 느끼게 되었다. 사실 2016년에 알파고(Alphago)가 등장했을 때만 하더라도 바둑이라는 전문적인 분야에서 활용되었고, 이후에도 주로 의료나 자율주행 자동차 등 B2B 분야에서 적용되어 일반인이 피부로 느끼기가 쉽지 않았다. 그러나 챗GPT는 이러한 장벽을 허물고 바로 우리가 실생활에서 활용할 수 있는 사례를 보여 주었다.

더욱이 챗GPT는 전문 분야에도 다양하게 적용할 수 있다는 가능성을 보여 주었다. 의학 학술지에 실린 논문을 주고 요약하게 했더니 과학자들도 사람이 쓴 것과 구별하지 못했다. 표절 검사는 100% 통과했다. 더욱이 미국 대학 로스쿨 입학시험, 의사 면허 시험도 합격했다고 한다.

사람의 뇌는 신경세포 연결부인 시냅스가 100조 개 수준인데, 챗GPT는 이 시냅스에 해당하는 매개변수가 1750억 개다. 2023년 3월에 나온 GPT-4는 매개변수가 10조 단위 수준이라고 알려졌다. 점점 인간과 가까워지고 있는 것이다. 그러면서 GPT 생태계를 만들고 있다. 오픈AI는 언어학습 앱인 듀오링고, 핀테크 앱인 스트라이프 등 유명 모바일 앱에도 GPT-4가 탑재됐다고 공개했다.

이런 챗GPT의 충격적인 등장 이후 다른 빅 테크 기업들의 AI 경쟁 속도도 빨라지고 있다. 구글은 초거대 AI인 람다 기반의 대화형 생성AI '제미나이(Gemini)'를 출시했다. 페이스북 운영사인 메타도 초거대 AI '라마(Llama)'를 연구자들에게 오픈소스로 공개하며 생성형 AI 서비스에 박차를 가하고 있다.

생성형 AI는 텍스트, 비디오, 오디오, 사진 등 모든 콘텐츠를 인간보다 더 빠르고 창의적으로 만들 수 있다. 따라서 AI가 인간의 활동을 대체할 수 있는 것이 아니냐는 우려가 나오고 있다. 이는 역사적으로 영향력 있는 기술이 등장할 때마다 제기된 문제다. 많은 논란과 시행착오를 거치면서 인류는 문명의 발전에 적합하도록 기술을 수용해 왔다. AI 역시 인간이 더 빠르고 정확한 결과를 생성하도록 돕는 보조 기술로 활용될 수 있다. 그러면서 많은 산업에 AI를 적용한 응용 프로그램이 증가할 것이다. 생성형 AI가 새로운 형태의 도구로 인류에게 다가오기 시작했다.

중국의 생성형 AI 추격

2022년 11월 미국 오픈AI가 챗GPT를 출시하자 중국도 바로 경쟁에 뛰어들었다. 그 시간은 그리 길지 않아서 2023년에는 중국의 빅 테크 기업들이 모두 생성형 AI 서비스를 개발했다.

중국 최대 검색엔진 바이두는 2023년 3월 챗GPT 스타일의 AI 챗봇 '어니봇(ERNIE Bot)'을 공개했다. 어니봇은 출시 4개월 만에 이용자 수 1억 명을 기록한 바 있다. 이후 2024년 4월에 이용자 수 2억 명을 달성했고, 그로부터 2개월 후인 6월에 3억 명을 돌파하는 등 가파른 성장세를 보여 주었다.

중국 최대 전자상거래 기업 알리바바도 4월 AI 기반 대규모 언어 모델(LLM)인 '통이치엔원(通義千問)'을 발표했다. 통이치엔원은 '천 가지 질문에 대한 진실'이라는 의미다. 알리바바는 자사 생태계 내 모든 비즈니스 애플리케이션에 통이치엔원을 통합해 기업 커뮤니케이션, 지능형 음성 비서, 전자상거래, 정보 검색과 탐색, 엔터테인먼트 등 다양한 분야에서 활용하고 있다.

쇼트폼 소셜미디어로 급성장한 틱톡의 운영사 바이트댄스도 AI 챗봇 '더우바오(豆包)'를 출시했다. 더우바오는 오픈AI의 챗GPT와 유사한 챗봇 서비스이며, 빠르게 이용자 기반을 확대해 왔다. 삼성전자가 2024년 7월 중국에서 판매되는 폴더블 스마트폰 시리즈에 바이트댄스의 생성형 AI 기술을 사용한다고 밝힌 것은 그 때문이다. 삼성전자는 중국을 제외한 해외에서는 구글 제미나이와 협력한 반면, 중국 지역에서만 더우바오 초거대 모델을 채용하기로 했다.

텐센트도 생성형 AI 경쟁에 뛰어들었다. 2023년 9월 챗GPT와 유사한 AI 챗봇 '훈위안' AI 빅모델과 '훈위안 어시스턴트' 챗봇을 발표했고, 이를 개선하여 1년 뒤인 2024년 5월 '위안바오'를 출시했다. 위안바오는 AI 검색, 문서 요약, 글쓰기, 이미지 생성, 언어 연습이나 AI 아바타 생성 등 다양한 작업을 수행할 수 있다.

중국에서는 2023년에만 AI 유니콘 기업(기업가치 10억 달러 이상인 창업 10년 이하 비상장 기업) 다섯 개가 탄생했다. 즈푸AI(智譜AI · 200억 위안), 문샷AI(月之暗面 · 180억 위안), MINIMAX(180억 위안), 바이촨즈넝(百川智能 · 130억 위안), 링이완우(零壹萬物 · 70억 위안)는 '다섯 마리 호랑이(五虎)'라고도 불린다. 이렇게 중국에서 AI 유니콘 기업이 탄생하고 급성장하는 것은 정부의 전폭적인 지원 덕분이기도 하다. 여기에 AI 산업 호황에 따른 벤처 투자 지원 등으로 경쟁력을 키워 가고 있다.

중국의 한계

중국의 AI는 국가 주도의 이데올로기 한계 내에서만 운영이 가능하다. 중국 인터넷 규제 당국인 국가인터넷정보판공실(国家互联网信息办公室)은 2023년 8월 '생성형 AI 서비스 관리방법(生成式人工智能服务管理暂行办法)'을 시행하여 AI 규제 방안을 밝혔다. 이 관리방법에서는 생성형 AI가 생성하는 콘텐츠가 사회주의 가치관에 입각해야 한다는 것을 분명히 밝혔다.

제4조 1항에서는 "사회주의 핵심 가치관을 고수하고 국가 정권의 전복, 사회주의 제도의 전복, 국가 안보 및 이익 훼손, 국가 이미지 훼손, 국가 분열 선동, 국가 통일 및 사회 안정 파괴, 테러리즘, 극단주의, 민족 혐오, 민족 차별, 폭력, 음란 및 허위, 유해 정보의 선전 등 법률, 행정법규에서 금지하는 콘텐츠를 생성해서는 아니 된다"라고 명문화했다.

또한 2항에서는 "알고리즘 설계, 훈련 데이터 선택, 모델 생성 및 최적화, 서비스 제공 등의 과정에서 민족, 신앙, 국가, 지역, 성별, 나이, 직업, 건강 등에 대한 차별을 방지하기 위하여 효과적인 조치를 취한다"라고 규정했다.

그 밖에 지식재산권, 상업 윤리를 존중하고 상업 비밀

을 유지하며 알고리즘, 데이터, 플랫폼 등의 이점을 이용하여 독점·불공정 경쟁 행위를 해서는 안 되며, 다른 사람의 정당한 권리를 존중하고 다른 사람의 신체적 정신적 건강을 위협해서는 안 되며, 다른 사람의 초상권, 명예권, 사생활권, 개인 정보의 권리를 침해해서는 안 된다고 명시했다(세계법제정보센터, 2023).

이 규제 방안에 따라 중국 인터넷정보판공실은 바이트댄스와 알리바바, 문샷, 01.AI 등 기술 기업과 AI 스타트업들을 대상으로 LLM 응답 내용을 일괄 검열하고 있다. 검열 내용은 주로 정치적으로 민감한 사항들과 시진핑 국가주석에 관한 것이다.

또한 각 기업은 전복을 선동하거나 '사회주의 가치'를 위반하는 수천 개의 민감한 키워드와 질문을 수집해야 하며 해당 키워드들을 매주 업데이트해야 한다. 때로는 기업이 앞서 나가기도 한다. 바이트댄스의 '더우바오'는 중국 정부의 요구에 맞는 LLM을 만드는 데 주력하고 있다. 더우바오에 시진핑 주석의 리더십에 관해 묻자 "의심할 여지 없이 훌륭한 지도자"라고 답했다고 한다(박세희, 2024).

다른 한편으로 텐센트, 알리바바의 계열사인 앤트그룹이 운영하는 플랫폼에서 챗GPT 서비스 제공을 금지했다. 챗GPT는 답변을 내놓기 위해 중국에 비판적 시각이 담긴 서구권의 데이터를 주로 분석하기 때문에 대응에 나선 것이다. 이는 챗GPT와 같은 서비스가 논란이 되거나 바람직하지 않은 온라인 콘텐츠에 대한 공산당의 검열을 준수하도록 만드는 의도인 동시에 바이두와 같은 생성형 AI 기업들에 가이드라인을 제공하는 의미다.

물론 통제에만 나선 것은 아니며, 생성형 AI의 발전을 지원하는 방향도 명시했다. 혁신을 촉진하고, 발전과 보안에 동등한 중요성을 부여한다고 밝혔다. "생성형 AI 기술이 다양한 산업과 분야에서 혁신적으로 적용될 수 있도록 장려하고 긍정적이고 선(善)을 지향하는 우수한 콘텐츠를 생성하며 적용 시나리오를 탐색, 최적화하며 적용 생태계를 구축한다"고 강조했다(스트라베이스, 2023). 그러나 이러한 방향도 생성형 AI가 발전할수록 중국 정부의 통제가 더욱 강화되는 것을 반영한다.

참고문헌

김현정(2024). 생성형 인공지능에 관한 중국의 규제 및 주요 이슈에 관한 분석. ≪대한정치학회보≫, 32(1), 65 - 86쪽.

박세희(2024.7.18). 사회주의 구현하라…중국, 빅테크 AI 검열. ≪문화일보≫.

세계법제정보센터(2023). 생성형 AI서비스 잠정관리

방법(生成式人工智能服务管理暂行办法).
스트라베이스(2023.6). 생성형 AI 시장으로 확산된 美·中 간 기술 패권 경쟁...중국 생성형 AI 시장 현주소 진단. ≪디지털 미래와 전략≫, 210호, 25 - 38쪽.

08
AI 딥페이크 허위 정보

AI 기술의 발전으로 AI를 활용한 허위 정보 문제가 세계적으로 큰 논란이 되고 있다. AI 활용으로 누구나 쉽게 딥페이크 영상을 생성할 수 있게 되면서 AI 딥페이크가 사회의 커뮤니케이션 질서에 커다란 영향을 미치게 되었다. 더욱이 자유주의 국가 대 권위주의 국가 간 진영 경쟁에서 AI 허위 정보는 국가 간 경쟁의 하이브리드 위협으로 활용되고 있다. 딥페이크에 대해 자율 규제와 법적 규제가 모두 필요하다는 데 공감대가 이루어지고 있다.

딥페이크의 위험

2024년 세계경제포럼(다보스포럼)이 발표한 '글로벌 위험보고서 2024'에서 향후 당면할 최고 위험 10가지 중 'AI가 생성한 허위 정보'가 '기후변화'에 이어 2위를 차지했다. '사회적 · 정치적 양극화'가 3위였다.

딥페이크(Deepfake)는 AI 딥러닝(Deep learning)과 거짓을 뜻하는 페이크(fake)의 합성어다. 딥페이크라는 말 자체가 보여 주듯이 딥페이크의 중요한 특징은 AI를 활용한다는 데 있다. EU의 「AI법」은 '딥페이크'를 AI가 생성하거나 조작한 이미지, 오디오 또는 동영상 콘텐츠로서 실제 인물, 사물, 장소, 단체 또는 사건과 유사하여 사람에게 진짜인 것처럼 보이거나 진실인 것처럼 보이게 하는 것으로 정의한다.

딥페이크가 모두 부정적인 것은 아니다. 딥페이크는 콘텐츠 제작에 활용되어 혁신적인 결과물을 만들어 내고, 콘텐츠 생성의 지평을 획기적으로 넓혀 나가고 있다. 이미 다양한 분야에서 쉽게 딥페이크 콘텐츠를 접할 수 있다. 딥페이크를 활용하여 유명 연예인의 목소리가 나오는 내비게이션 안내가 서비스되고, 유명 가수 목소리로 재탄생한 다양한 노래도 들을 수 있다. 세상을 떠난 대중 가수의 목소리를 구현하는 프로그램이 제작된 사례도 있다. AI 합성 콘텐츠를 만드는 영국 기업 신서시아(Synthesia)는 딥페이크를 이용해 데이비드 베컴이 말라리아 퇴치 캠페인을 홍보하는 동영상에 중국어, 아랍어, 힌디어, 스와힐리어, 요루바어 등 아홉 개 언어로 자막을 넣거나 더빙하여 화제를 불러일으켰다.

그러나 이제 누구나 딥페이크 영상을 쉽게 생성할 수 있게 되면서 허위 정보 유포, 명예훼손, 저작권 침해 등 불법적인 딥페이크 악용 사례가 증가하고 있다. 초기 딥페이크에 관한 이슈가 유명인의 얼굴을 변조하거나 음란물에 관한 것이었다면, 이제는 여론 형성 과정에서 객관적인 사실보다는 허위일지라도 감성을 자극하는 것이 더 효과적인 '탈진실(post-truth)' 사회에 딥페이크 기술을 활용한 허위 정보의 확산이 정치와 여론에 더 큰 영향을 미치고 있다. 딥페이크 허위 정보가 민주주의를 위협하고 있음은 매우 우려할 만하다.

우크라이나 러시아 전쟁이 진행되던 2022년 3월, 우크라이나 대통령이 우크라이나 국민에게 러시아 군인과 전쟁을 중단하고 무기를 반납하라는 내용의 딥페이크 영상이 유포되어 충격을 주었다. 미국에서도 바이든 대통령의 목소리로 예비 선거에서 투표하지 말라고 독려한 영상이 유포되기도 했다.

딥페이크는 정치인뿐만 아니라 이미 일반인의 일상을 위협하고 있다. 한국의 한 국제학교 학생은 동급생의 얼굴을 딥페이크로 조작해 음란물을 만들었다. 휴대전화 속 음성 파일을 해킹한 뒤 가족의 가짜 목소리를 만들어 돈을 뜯어내는 보이스피싱은 계속 늘어나고 있다(임우선, 2024).

이런 상황에서 세계 주요 국가는 AI 활용에서 딥페이크 규제를 최우선적인 문제로 간주하고 있다.

자율 규제

미국 정부는 2023년 7월, 아마존, 구글, 메타, 마이크로소프트, 오픈AI, 앤스로픽(Anthropic), 인플렉션(Inflection) 등 주요 AI 기업에 안전하고 투명한 AI 기술 개발을 위한 자발적인 노력을 요청했다. 이들 기업은 첫째, AI 시스템 발표 전 제품의 안전성 보장(내외부 보안 테스트 시행), 둘째, 보안을 최우선으로 하는 시스템 구축, 셋째, 대중의 신뢰 확보(AI 생성물임을 표시, 투명성 강화 등)를 위해 노력하겠다고 약속했다.

구글은 2024년 5월부터 딥페이크를 활용하여 음란물 등을 변경하거나 생성하는 서비스의 광고를 금지했다. 구글과 유튜브는 딥페이크 탐지 기술을 개발해 불법 딥페이크를 추적 · 식별하고 있다. 유튜브는 2024년 3월부터 크리에이터에게 영상을 업로드할 때 AI 사용 여부를 의무적으로 표시하는 AI 라벨 정책을 시행했다. 이에 따라 크리에이터가 해당 정보를 공개하지 않을 경우, 문제되는 콘텐츠가 삭제되거나 유튜브 파트너 프로그램이 중단될 수 있다. 유튜브는 여기에 더해 동영상 설명 부분에 콘텐츠 일부가 변형됐거나 합성됐다는 라벨을 추가하고, 민감한 주제를 다룬 특정 유형의 콘텐츠의 경우 더 눈에 띄는 라벨을 영상이 재생될 때 표시하도록 했다.

유튜브는 콘텐츠의 불법성을 판단하기 위하여 2만 명 넘는 리뷰어(reviewer)와 머신러닝 기술을 활용하여 가이드라인을 준수하는지 확인한다.

법적 규제

2024년 5월 EU 이사회가 승인한 「AI법」에 따르면 딥페이크는 세 번째 카테고리인 '제한된 위험'에 해당된다. 「AI법」은 딥페이크와 관련하여 AI 시스템 공급자와 유통자에게 투명성 의무(Transparency Obligation)를 부과하고 있다.

「AI법」 제50조 제2항(표시 및 감지 의무)에서, 합성된 오디오 · 이미지 · 비디오 또는 텍스트 콘텐츠를 생성하는 AI 시스템의 공급자는 해당 결과물이 기계가 판독할 수 있는 형식으로 표시하고, 인위적으로 생성 또는 조작된 것으로 감지할 수 있어야 한다고 규정했다. 제50조 제5항(공개 의무)에서도 딥페이크에 해당하는 이미지·오디오 또는 비디오 콘텐츠를 생성하거나 조작하는 AI 시스템의 유통자는 결과물이 인위적으로 생성 또는 조작되었음을 공개해야 한다고 규정했다. 즉, 해당 결과물에 라벨을 표시하고 출처(artificial origin)를 밝힘으로써 명확하게 구별할 수 있도록 공개해야 한다는 것이다.

그리고 AI 시스템의 공급자와 유통자가 딥페이크와 관련하여 투명성 의무를 준수하지 않을 경우 최대 1500만 유로 또는 직전 회계연도 전 세계 연간 매출액의 3% 중 더 높은 금액이 벌금으로 부과될 수 있음을 명시했다(제99조 제4항).

이미 EU는 「디지털서비스법」에도 딥페이크 관련 내용을 규정한 바 있다. 2023년 8월부터 선제적으로 19개 기업을 대상으로 시행하다가, 2024년 2월부터는 규모와 상관없이 EU의 디지털 서비스 사업자에게 적용된다. 초대형 온라인 플랫폼(VLOP)과 초대형 온라인 검색엔진(VLOSE)의 서비스 제공자는 실존 인물·물체·장소 등 진실인 것처럼 보이도록 생성되었거나 조작된 이미지·

오디오 또는 비디오로 구성된 정보 항목이 온라인 플랫폼에 노출된 경우 눈에 잘 띄는 표시로 구별할 수 있어야 하고, 서비스 이용자도 쉽게 표시할 수 있는 기능을 제공해야 한다(제35조 제1항).

중국도 AI 딥페이크 기술에 관한 규제를 추가했다. 중국 국가인터넷정보판공실(国家互联网信息办公室)은 공업정보화부, 공안부(公安部)와 함께 2022년 11월 '인터넷 정보 서비스 딥페이크 관리 규정(딥페이크 규정)'을 발표했다. '딥페이크 규정' 제1조는 중국의 3법 및 관련 법률에 의거하여 "딥페이크 기술이 적용된 인터넷 콘텐츠의 관리를 강화하고 사회주의의 핵심 가치관을 증진하며, 국가 안보와 사회공공이익 수호, 국민 · 법인 · 기타 조직의 합법적인 권익을 보호하기 위해 딥페이크 규정을 제정한다"고 목적을 밝혔다. 특히 딥페이크 규정은 국가 안보와 사회공공이익 수호를 강조하여 추가했고, 종전의 데이터 3법에서 볼 수 있던 "인터넷 정보 서비스의 건강한 발전을 촉진"한다는 내용이 빠짐으로써 '데이터 경제 활성화'의 목적보다는 '데이터 안보 강화'에 더 중점을 두었다. 딥페이크 규정은 2023년 1월부터 시행되었다.

한국의 딥페이크 대응

2024년 들어 한국에서도 딥페이크가 커다란 사회적 문제가 되었다.

한국 정부는 2020년에 이미 'AI 윤리기준'을 마련하고, 딥페이크 탐지 등 공공 분야에서 디지털 한계를 극복하는 기술 개발에 착수하는 등 다양한 노력을 기울여 왔다. 2024년 5월 과학기술정보통신부는 관계부처 합동으로 '새로운 디지털 질서 정립 추진계획' 마련했다. 이는 2023년 발표한 '디지털 권리장전'을 구체적인 정책으로 구현하기 위한 범부처 계획으로, 디지털 심화 시대의 새로운 질서를 정립하고 쟁점을 해결하기 위해 마련되었다. 여기에는 디지털 심화 쟁점을 해결하기 위해 20대 정책 과제가 포함되었으며, 이 중 8대 핵심 과제에 "딥페이크를 활용한 가짜뉴스 대응"이 들어 있다.

또한 민간 기업들도 자율적으로 노력하고 있다. 2024년 3월, 사단법인 한국인터넷기업협회 회원사인 네이버, 카카오, SK커뮤니케이션즈는 22대 국회의원 선거를 앞두고 선거 과정에서의 공정성과 신뢰성을 확보하기 위하여 '악의적 선거 딥페이크 사용 방지를 위한 공동선언'을 채택했다.

2024년 5월 한국 정부가 개최한 AI 서울 정상회의에서는 삼성전자, SK텔레콤, KT, LG AI연구원, 네이버, 카카오 등 국내 기업과 어도비(Adobe), 오픈AI, 구글, 마이크로소프트, 앤스로픽, IBM, 세일즈포스(Salesforce), 코히어(Cohere) 등 해외 주요 AI 관련 기업들이 안전한 AI 사용을 위한 '서울 기업 서약(Seoul AI Business Pledge)'을 발표하기도 했다.

'서울 기업 서약'에 따르면 딥페이크와 관련하여, 이용자가 AI에 의해 생성된 콘텐츠를 식별할 수 있도록 워터마킹 등 적절한 방법론을 개발하기 위해 노력하며, 민주주의를 위협하는 허위 정보와 잘못된 정보에 AI 생성 콘텐츠가 사용되는 것을 완화하기 위한 조치를 추구할 것이라고 밝혔다.

주요 국가들은 공통적으로 딥페이크 콘텐츠에 'AI 생성물' 표기를 요구한다. 딥페이크 영상에 AI로 생성했음을 표기하면 투명성이 강화되어 일차적으로 허위 정보의 확산을 막을 수 있고, 제작자와 유통자에게 해당 콘텐츠에 대한 책임을 물을 수 있다. 그러나 이것만으로는 부족하다. 'AI 생성물' 표기뿐만 아니라, 딥페이크 탐지 기술 개발, 이용자의 디지털 리터러시 교육도 병행되어야 할 것이다. 제도적으로도 불법 딥페이크 제작자와 유통자에 대한 실효성 있는 처벌과 피해자를 보호할 수 있는 제도가 마련되어야 한다.

참고문헌

과학기술정보통신부 보도자료(2024.5.21). 대한민국이 새로운 디지털 질서 정립의 마스터플랜을 공개합니다.

노은정(2024). 딥페이크 관련 국내외 규제 현황 및 분석. ≪KISDI Perspective≫, 제4호, 1-19쪽.

방송통신심의위원회 보도자료(2024.5.2.). 딥페이크 악용·유명 연예인 합성 '성적 허위영상물' 400% 폭증.

이상우(2023). 중국의 딥페이크 규제와 데이터 안보. ≪홍익법학≫, 24(1), 135-161쪽.

임우선(2024.8.4). 모두를 위협하는 첨단 딥페이크. ≪동아일보≫.

AI 서울 정상회의 홈페이지. https://aiseoulsummit.kr

09
AI 안전 글로벌 협력

AI가 안전하고 신뢰할 수 있는 방향으로 발전해야 한다는 데 세계적인 공감대가 이루어지고 있다. AI가 안보 문제의 핵심 요소가 될 것이며, 미중 경쟁 관계를 지배할 것이라는 전망이 우세하다. 군사작전에서는 인간의 통제를 벗어난 자율 살상 무기로 인한 재앙적 결과와 충돌이 우려되므로, 이에 대응하는 글로벌 협력이 핵무기에 대한 접근 이상으로 필요하다.

AI 안전의 위험

AI 신경망은 블랙박스로 불리며 '신뢰'의 문제를 일으킨다. 기계학습 신경망은 스스로 데이터를 반복하면서 복잡한 확률적 상관관계를 찾고 데이터가 어떻게 상호 연관되어 있는지 보여 주지 않는다. 이것을 훈련시킨 이들조차 의사 결정 과정을 설명하기 어려울 정도로 복잡하며, 시간 경과에 따라 시스템이 예상치 못한 방식으로 진화할 가능성도 있다. 자율주행, 의료 보건 등에서 AI 시스템의 예측 불가능한 오작동은 인간의 생명과 안전에 직접적인 위협이 될 수 있다. 따라서 AI의 판단 결과를 인간이 이해할 수 있도록 정보를 제공하는 '설명 가능한 AI(explainable AI: XAI)'가 중요한 화두가 되고 있다.

AI 신뢰성 문제에는 기술적 한계(편향성, 거짓 답변, 작동 오류 등), 민감 정보 침해, 허위 정보 유포, 비윤리적 사용 등이 포함된다. 훈련된 데이터에 편향성이 있으면 부당하고 차별적인 결과물이 나올 수 있으며, AI 언어모델이 현실 세계를 잘못 이해하거나 이용자 조작에 의도적으로 맞추어 거짓 답변(hallucination)을 생성할 수 있다. 더욱이 고도화된 AI 기술이 사이버 공격, 영상·음성 조작, 허위 정보 캠페인 등에 악용되거나 무인 살상무기 개발에 사용될 위험도 커졌다.

헨리 키신저 전 미국 국무장관은 마지막 저서인 『AI 시대와 인류의 미래』에서 AI와 핵무기가 연계되어 인류 역사상 전례 없는 수준의 파괴력에 직면하는 외교 안보 패러다임의 대변화를 경고했다. 향후 5년 안에 AI가 안보 문제의 핵심 요소가 될 것이며, 미중 경쟁 관계를 지배할 것이라고 했다. 특히 군사작전에서 인간의 통제를 벗어난 자율 살상 무기로 인한 재앙적 결과와 충돌을 우려했다.

미국의 '생명의 미래 연구소(FLI)'는 공개서한에서 인간 사회의 신뢰와 안전을 위해 AI 개발의 일시 중지를 제안하기도 했다. AI 안전이 중요한 화두로 제기되고 있다.

미국의 안전하고 신뢰할 수 있는 AI에 대한 행정명령

미국 정부는 2023년 10월 책임 있는 AI에 관한 포괄적 전략인 '안전 · 보안 및 신뢰할 수 있는 AI에 관한 행정명령(Executive Order on Safe, Secure, and Trustworthy Artificial Intelligence)'을 발표했다. 미국에서 '행정명령'은 대통령이 행정기관과 행정부 소속 공무원의 행위를 지시하거나 행정부의 정책 등을 확정하기 위하여 직접적으로 지시하는 문서로서, 헌법 제2조에 근거하여 법령으로서의 법적 지위와 기능을 갖는다. 2023년 12월에는 AI위원회(White House AI Council)를 설치했다.

행정명령은 안전한 AI 개발 · 이용에 관한 여덟 가지 원칙을 밝혔다(The White House, 2023).

① AI의 안전과 보안 유지

② 책임 있는 혁신 · 경쟁 · 협력 촉진

③ AI의 책임 있는 개발과 사용에서 미국 노동자 지원 약속

④ AI 정책이 형평성과 시민권 증진을 위해 헌신하는 행정부의 정책과 일치

⑤ 일상생활에서 AI와 AI 기반 제품을 사용하거나 상호작용 혹은 구입하는 미국인의 이익 보호

⑥ AI 발전에 따른 미국인의 프라이버시와 시민의 자유(civil liberties) 보호

⑦ 연방정부의 AI 사용에서 발생하는 위험을 관리하고, AI의 책임 있는 사용을 규제 · 관리 · 지원하는 내부 역량을 강화하여 미국인들에게 더 나은 결과 제공

⑧ 연방정부는 미국이 이전의 파괴적 혁신과 변화의 시대에 그랬듯이 글로벌 사회 · 경제 · 기술 진보 선도

행정명령은 먼저 AI 시스템의 잠재적 위험으로부터

국민을 보호하기 위한 안전 · 보안 조치를 취하도록 했다. 이중 용도 AI 모델을 개발하려는 기업에는 모델 가중치의 소유 · 보호를 위한 보호 조치와 해당 모델 학습과 관련해서 계속 수행 중이거나 계획된 활동 등에 관한 정보 · 보고서 · 기록을 제출하도록 했다. 또한 대규모 컴퓨팅 인프라를 획득·개발·소유하려는 기관에는 컴퓨팅 파워의 위치·양에 관한 정보 등을 요구했다.

미국 IaaS(Infrastructure as a Service)를 이용하는 외국인의 신원 확인을 위한 근거 법제를 마련했다. 또한 미국의 모든 중요 인프라 분야에서 AI 사용 위험성 평가를 실시하고, 중요 인프라의 운영자와 소유자를 대상으로 안전 · 보안 지침을 마련하도록 했다. 화학 · 생물학 · 방사선 · 핵(Chemical, Biological, Radiological, and Nuclear, CBRN)에 AI 사용 가능성과 그로 인한 위험과 위험 완화 방안을 모색하게 하고, 합성 핵산 공급자 대상 프레임워크 개발, 연구자의 합성 핵산 공급 요건을 마련하도록 했다. 또한 금융기관이 AI에 특유한 보안 위험을 다루도록 하여 '금융 분야 AI에 특정한 사이버 보안 위험 관리(Managing Artificial Intelligence-Specific Cybersecurity Risks in the Financial Services Sector)' 보고서를 발간했다.

정부는 딥페이크나 허위 정보 확산을 방지하기 위해 AI 콘텐츠에 워터마크를 부착하는 시스템 관련 지침을 개발한다. 정부는 AI 관련 위협으로부터 중요 인프라와 대량 살상무기 보안을 위한 지침, 보고 공개 관련 'AI 로드맵'을 마련하도록 했다. 그리고 'AI 안전 및 보안 위원회(Artificial Intelligence Safety and Security Board)' 설치를 제안했다.

이중 용도 기반 모델에 관한 위험, 이익, 정책, 규제 체계에 관해 보고하도록 했다. 특히 「국방물자생산법(Defense Production Act)」에 따라, 가장 강력한 AI 시스템 개발자는 AI 안전성 테스트 결과와 대규모 컴퓨팅 클러스터 등 중요 정보를 정부에 제출하도록 했다.

국경 간 위험을 완화하고 국제 논의를 주도하도록 했다. 미국의 중요 인프라에 대한 국경 간 위험을 완화하기 위해 우선적으로 취해야 하는 조치를 보고하도록 했다. 또한 AI 표준 개발 등을 위한 국제 논의를 주도하며, 국제 AI 연구 어젠다를 개발하는 데 역할을 하도록 했다.

AI 행정명령은 거의 모든 분야에서 연방정부가 AI로 인한 위험과 기회에 대응하도록 했다는 것이 특징이다. 계획 수립이나 지침 마련 등에 대해서도 구체적인 이행 기한을 제시함으로써 AI 행정명령의 추진력과 이행력을 확보했다. 행정명령의 이행 주체는 행정기관이지만, 개발자 · 사업자가 여러 특정 사항을 이행하게 하는 내용을 포함한다. 미국 클라우드 등 중요 인프라 사업자에게 이를 이용하는 외국인의 신원 확인과 보고 의무를 부과하게 하거나, 이중 용도 AI 모델을 개발하는 기업에는 모델 학습, 테스트, 데이터 오너십에 관하여 정부에 보고하게 하는 등 직접 민간에 영향을 미치는 조치다. 미국의 AI 행정명령의 이행은 AI 안전에 대한 종합적인 대책을 담고 있어서 다른 국가에도 영향을 미칠 것으로 전망된다.

영국의 AI 안전 정책

영국도 AI 안전을 위한 글로벌 협력에 앞장서고 있다. 영국은 2023년 11월 세계 최초로 'AI 안전 정상회담 2023(AI Safety Summit 2023)'을 개최했다. 세계 주요 국가들이 AI 위험에 대해 공동 합의와 책임을 논의하기로 약속했다는 데 의의가 있다.

이 회의에 참가한 한국, 미국, EU, 중국, 일본 등 28개국 대표단은 AI의 급속한 발전으로 인해 발생할 수 있는 재앙적 위험을 억제하기 위해 협력하기로 합의한 '블레츨리 선언문(Bletchley Declaration)'을 발표했다. 이 선언문에 따르면 주요 국가들이 AI 평가지표를 만들고, AI 안전성 테스트 도구를 개발하며, 고성능 AI 위험 식별 방안을 마련하는 데 협력하기로 했다. 선언문은 "AI가 인류의 복지 · 평화 · 번영을 변화시키고 향상할 잠재력이 있다"면서도 "비정상적으로 강하고 해로울 수 있는 AI를 개발하는 주체들은 안전 테스트와 기타 적절한 조치를 통해 AI 안전을 보장할 책임이 크다"고 강조했다.

영국은 후속 조치로 AI 기초 모델(AI Foundation Model)에 대한 논의를 이어 가고 있다. '기초 모델'은 영국 정부가 '다른 작업의 기초가 된다'는 의미이며, 생성형 AI나 LLM(거대 언어 모델)과 같은 고성능 AI를 정의하기 위해 도입한 개념이다. 영국 경쟁시장청(CMA, Competition and Markets Authority)은 2024년 4월, AI 기초 모델에 대한 기술 보고서를 발표했다.

영국 방송통신위원회(Ofcom)의 조사에 따르면 성인의 31%, 13~17세의 79%가 이미 이런저런 생성형 AI 도구를 이용하고 있다고 한다. 영국 통계청(ONS) 데이터 조사에서도 영국 기업의 약 15%가 현재 최소한 한 가지 형태 이상의 AI를 이용하고 있다. 또한 세계적으로 활용할 수 있는 기초 모델은 330개가 넘는다. 따라서 AI와 관련된 이해 관계자가 규모뿐만 아니라 자원의 요구 사항,

성과 수준, 전문화의 측면에서 크게 증가하고 있음을 확인할 수 있다.

컴퓨팅, 데이터, 전문성에 대한 의존도도 높아지고 있다. 기초 모델 개발에 핵심적인 AI 반도체, 클라우드를 통한 컴퓨팅 자원, 인재에 대한 접근에서 빅 테크들이 유리하다. 빅 테크들은 기초 모델 개발자들과 파트너십, 투자, 라이선스 거래를 통해 데이터에 접근하며, 기술 전문가들을 유치하기 위한 '인재 쟁탈전'도 벌이고 있다. 마이크로소프트가 오픈AI의 샘 올트먼과 긴밀한 관계를 유지하고 있으며, 딥마인드의 공동 창립자인 무스타파 술레이만(Mustafa Suleyman)을 영입하는 것과 같은 일이 벌어지고 있다.

기초 모델이 다양한 플랫폼에서 출시되고, 기초 모델 시장이 더 큰 수익화를 위해 진화함에 따라 생산성 소프트웨어나 소셜 미디어와 같은 제품에 점점 더 통합되고 있다. 마이크로소프트가 코파일럿(Copilot)을 윈도우나 마이크로소프트 365에 통합한 것이 대표적인 예다. 동시에 가치 사슬의 상호 관련성이 증대되고 있다. 기초 모델의 가치 사슬이 수직적 통합, 파트너십, 기업 간 전략적 연합 등 다양한 방식으로 더욱 긴밀하게 연결되고 있다. 이런 과정에서 가장 크고, 가장 확립된 기술 기업이 가치 사슬의 여러 단계에서 점점 더 주도적인 역할을 하고 있다고 본다.

CMA는 기초 모델의 가치 사슬 전반에 걸쳐 있는 기업의 비즈니스 관행이 시장의 '책임 있는' 개발하에 여섯 가지 원칙에 맞춰 조정해야 한다고 보았다. 즉, 접근성 보장, 다양성 보장, 선택권 보장, 공정 거래 확립, 투명성 보장, 책임성 확립 등이다(CMA, 2024).

CMA는 AI 관련 규제를 만드는 절차를 AI 관련 기업, 특히 IT 분야의 독점을 강화하고 있는 빅 테크 기업이 주도해서는 안 된다고 강조했다. 특정 기업이 AI 관련 생태계를 독점하도록 해서는 안 된다는 것이다.

AI 안전 논의

2023년 11월 미국의 주도로 18개 국가가 AI 관련 국제합의 규제안을 발표했다. AI 개발의 설계 단계에서부터 '안전'을 최우선으로 한다는 국제 합의안이다. 여기에는 미국을 비롯하여 한국, 영국, 일본, 독일, 나이지리아, 노르웨이, 싱가포르, 에스토니아, 이스라엘, 이탈리아, 체코, 칠레, 캐나다, 폴란드, 프랑스, 호주 등이 참여했다. 중국은 빠졌다.

이 국가들은 AI 설계 단계에서 가장 중요한 것은 안전이라는 데 합의했다. AI를 설계하고 사용하는 기업은 기업 고객과 개인 사용자를 오용으로부터 안전하게 보호하는 방식으로 AI를 개발하고 배포해야 한다는 것이다. 이 합의는 AI 시스템 남용을 모니터링하고, 데이터를 보호하며, 소프트웨어 공급업체를 통제하는 등 일반적인 보안 권장 사항을 대부분 담고 있다. 해커가 AI 기술을 탈취하는 것을 방지하는 방법을 다루는 내용을 비롯하여 적절한 보안 테스트를 거친 후에만 모델을 출시할 수 있다는 내용이 담겨 있다.

유엔 총회에서도 2023년 12월 '치명적 자율무기 시스템(LAWS)'이 초래할 도전과 우려에 시급히 대응해야 한다는 내용을 골자로 하는 결의에 152개국이 찬성해 통과되었다. 그러나 러시아는 반대했고, 중국 · 북한 · 이스라엘은 기권했다.

한편 미국과 중국도 급속도로 고도화되고 있는 AI 기술 위험성을 공동 관리하기 위한 논의에 착수했다. 2023년 11월 샌프란시스코 정상회담 합의에 따른 첫 번째 회담을 2024년 5월에 열었다. AI 기술이 인간을 위협할 수 있는 수준까지 도달하지 않도록 미리 위험과 안전 문제를 논의하겠다는 것이다.

물론 이러한 논의에서도 미국과 중국의 입장은 다르

다. 미국과 영국이 투명하고 개방성을 강조하는 데 비해, 중국은 공정성을 내세우고 있다. 중국은 AI 모델 개발 · 사용 과정에서 국가 간 공정성(equal rights)을 강조한다. "우리는 상호 존중, 평등, 상호 이익의 원칙을 지지한다 … 규모에 관계없이 각국은 AI를 개발하고 사용할 수 있는 동등한 권리를 가지고 있다"는 것이 중국의 입장이다.

AI가 무기화되거나 남용되면 미국이나 중국 양측 모두 잃을 게 많다. 가장 큰 위험 영역으로 꼽히는 허위 정보 선전에 사용되는 딥페이크만 해도 미국뿐만 아니라 중국에도 커다란 위험이다. 비록 미국과 중국이 AI를 두고 경쟁하고 있지만, AI 위험 관리 방안에는 서로 협의하고 협력하는 것이 중요하다.

참고문헌

The White House(2023.10.30). Executive Order on the Safe, Secure, and Trustworthy Development and Use of Artificial Intelligence.

UK Competition and Markets Authority(2024.4.16). AI Foundation Models, Technical update report.

10
AI 글로벌 거버넌스

AI 글로벌 거버넌스는 자유민주주의 국제 질서의 틀에서 구성되는 원칙이 핵심이다. 이는 개방성, 다자주의, 협력적 안보, 민주주의적 연대 등의 특징을 포용하는 것을 의미한다. 한국은 AI 분야의 주요 국가 중 하나로서 중추 역할을 해야 한다. AI 경쟁력을 키우는 것은 물론, AI 규범 논의에서도 주도적 역할과 노력을 계속해 나가야 한다.

다각적인 노력

AI는 세계적인 도전 과제이므로 글로벌 규범과 표준을 마련해야 한다. 글로벌 규제를 주도하기 위한 경쟁도 치열하다. 공공 부문과 민간 부문이 함께 협력하는 거버넌스를 찾아가야 한다.

경제와 안보에서 국가 간 상호 의존이 높아지면 기회도 창출되지만, 위험도 따라올 수 있다. 따라서 위험으로부터 보호하기 위해서는 국제 협력이 필요하다.

미국, 유럽연합, 영국, 일본 등 주요 국가와 국제기구들은 AI의 개발과 사용에 관한 규범과 거버넌스를 마련하는 노력을 이어 가고 있다. 2019년 OECD는 'AI에 관한 이사회 권고 지침(Recommendation of the Council on Artificial Intelligence)'을 발표했다. 2021년에는 유엔도 유네스코 차원에서 'AI 윤리에 관한 권고 지침(Recommendation on the Ethics of Artificial Intelligence)'을 발표했다.

일본은 2023년 5월 히로시마에서 개최된 G7 정상회의에서 생성형 AI의 기회와 도전을 논의하기 위해 '히로시마 AI 프로세스(Hiroshima AI Process)'를 추진하고, 이행원칙과 행동원칙을 발표했다. 이는 OECD와 유네스코에서 발표한 권고 지침과 달리 G7 국가 간의 합의로서 영향력이 있다.

유럽에서는 2024년 5월 유럽연합이 「AI법」을 승인함으로써 AI의 개발과 사용에 관한 가장 포괄적이면서도 구체적인 규정을 마련했다.

영국은 2022년 11월 'AI 안보 정상회의(AI Safety Summit)'를 주최하여 AI의 잠재적 혜택을 누리면서 국제사회에 미치는 위험을 최소화할 수 있는 국제 공조에 앞장서기 위해 노력하고 있다. 한국은 영국과 2024년 5월 AI 정상회의를 공동 주최하여 AI 규범 논의 과정에서 더욱 중요한 역할을 할 수 있게 되었다.

최근 수년간 AI 기술에 따른 위험을 규제하려는 논의는 UN, OECD, EU에서 주로 윤리적 측면에서 논의되었고 향후 이들 협의체에서 추가적으로 협의가 이루어질 것이다. 그리고 이러한 논의는 윤리적 가이드라인을 넘어서 규범적 규제 차원의 논의로 진행되며, 특히 군사적 활용 규제 규범을 정립하는 논의로 확대될 것이다.

결국 미국과 중국

AI를 둘러싸고 벌어지는 글로벌 경쟁은 국제 질서, 군사, 경제, 과학기술 전 분야에 커다란 영향을 미치고 있다. 특히 미국과 중국 간에 벌어지고 있는 AI 패권 경쟁이 중심을 차지한다. 양국이 상대방을 제압하기 위하여 국가의 역량을 총동원하면서 치열한 경쟁을 벌이고 있기 때문이다.

미국이 개방형 전략으로 글로벌 AI 인재들과 협업하고 선도적으로 나서는 데 비해, 중국은 후발 주자로서 추격하고 있다. 바이두, 알리바바, 텐센트 등 일부 중국 혁신 기업들이 앞장서 자체적으로 AI 프레임워크를 개발하고 있으나, 아직은 자국 내에 국한된 생태계에 머물고 있다. AI 개발과 활용의 근간이 되는 데이터만 해도 미국은 데이터의 초국적 유통을 강조하며 글로벌 생태계를 모색하는 데 비해, 중국은 데이터 주권을 외치며 자국 시장을 폐쇄적으로 방어하기에 급급한 실정이다. AI 글로벌 경쟁에 참여하는 기업들을 보면 구글, MS, 아마존, 바이두, 알리바바 등 미국과 중국을 막론하고 산업 간 구분이 거의 없는 플랫폼 기업들이다. 즉, 개별 기술 경쟁이나 특정 산업에서의 경쟁이 아니라 거의 모든 산업 영역을 포괄하는 플랫폼 경쟁이다. 따라서 이들의 경쟁은 국가 간 체제와 가치의 경쟁으로 확산될 수 있다.

미중 기술 경쟁의 승패가 어디서 어떻게 갈릴지 결과를 예측하기는 어렵다. 그러나 전문가들은 아직 중국이 미국과의 경쟁에서 우위에 서기는 어렵다고 전망한다.

이는 현재 중국의 정치·경제 체제가 안고 있는 본질적 한계에서 비롯되므로, AI 경쟁에서도 중국이 우위에 있기는 어렵다.

첫째, 중국 정치체제의 성격에서 오는 한계 때문이다. 중국 공산당이 일당 지배 체제를 유지하기 위해 필요한 조건과 중국이 첨단 기술 전쟁에서 승리하기 위해 필요한 조건이 맞지 않는다. 중국은 공산당 지배가 우선이므로 당이 국가를 지배하는 당-국가 체제를 유지하기 위해서는 민간 경제 부문이나 시민사회가 국가의 통제를 넘어 성장할 수 없다.

둘째, 중국 기업들에 대한 미국의 제재 효과 때문이다. 미국은 중국 기업들을 제재 대상으로 지정하고, 이들이 미국 기업과 거래하지 못하게 할 뿐만 아니라, 제3국의 기업들도 이들과 거래하면 미국 기업과 거래를 못하게 되는 세컨더리 보이콧까지 시행하고 있다. 따라서 미국 정부의 제재 대상 리스트에 오르면, 사실상 주요 선진국 기업들과 거래할 수 없게 된다. 반도체나 장비 조달이 어려워지고, 제품 수출도 어렵다.

셋째, 미국의 제재에 대응해서 중국이 자체 생태계를 만들려고 하는 것이 오히려 중국의 첨단산업 분야가 세계시장과 단절된 채 중국 국내에서만 활동하는 '갈라파

고스화' 위험을 초래한다. 중국 정부의 강력한 규제가 오히려 중국 특색에만 맞고 중국 내에서만 적용할 수 있는 기술을 발전시킬 뿐, 세계시장에 진출하지 못하게 할 수 있다. 물론 이를 돌파하기 위해 중국도 디지털 실크로드를 추진하고 있지만 그 성과가 크지 않다(정진영, 2022).

따라서 중국 정치체제의 한계, 미국의 대중국 제재, 중국 첨단 기업들의 갈라파고스화로 인해 중국이 미국과의 기술 경쟁에서 어려운 환경에 놓이는 것이다.

가치의 지경학

AI 경쟁은 국가 차원의 혁신 체제 경쟁으로 전개되고 있다. AI를 통한 전체 산업의 혁신과 글로벌 표준 장악을 위한 양적 · 질적 경쟁이며, 나아가 글로벌 규범경쟁이라는 특성을 지닌다. 이러한 경쟁은 개별 기업이나 특정 산업 영역에서 전개되는 부분적 경쟁이 아니라 산업 혁신의 성패를 결정하는 경쟁으로, 궁극적으로는 국가 간 체제 경쟁으로 발전할 수 있다.

따라서 AI 경쟁은 기술보다 가치를 더욱 강조하고, 안보와 규범을 강조한다. 특히 미국을 중심으로 인권과 민주주의를 명분으로 내세우며 동맹 협력을 고도화하여 국제적 역할을 주도하는 다자주의를 강조한다. 개인 정보를 보호하고, 국가 기반 시설을 수호하기 위해 다른 국가와 협력하며, '하이테크 권위주의'에 맞서 '사이버 민주주의 동맹'을 추진하는 것이다.

반면에 중국은 현대판 실크로드라고 할 수 있는 일대일로 구상의 디지털 버전인 '디지털 실크로드'에서 보듯이 중국 중심의 디지털 생태계를 형성하려고 한다. 디지털 실크로드를 통해 전 세계에 '디지털 권위주의 모델'을 수출하여 정치적으로 비(非)자유주의에 입각한 세계 질서를 구축하려는 것이다.

미국과 중국이 벌이는 기술 패권 경쟁은 근본적인 의미에서 가치와 규범 경쟁의 성격을 띤다. 그러나 중국은 자국의 가치와 규범만 고집하면서 보편성과 신뢰성, 인권 등의 과제를 안고 있다.

한국의 길

AI 글로벌 경쟁에서 한국이 가야 할 길은 분명하다.

정부는 2024년 들어 AI 추진 시스템을 실질적으로 구축하고 있다. 2024년 4월, 인공지능-반도체를 미래 국가기술 경쟁력의 3대 게임체인저 중 하나로 인식하고 'AI · 반도체 이니셔티브'를 발표했다. 5월에는 'AI 서울 정상회의'를 개최하고, 9월에는 국가인공지능위원회를 설치했다.

이런 정부 차원의 노력과 함께 기술이나 산업의 측면에서 한국의 장점과 특징을 살려 접근해야 한다. 한국의 AI 전략이 초거대 AI 기술과 AI 규제에 치중할 필요는 없지만 한국형 AI 모델을 구축해야 한다. 한국의 핵심 산업인 제조업의 역량과 연계한 의제 설정, 인류와 공존하는 AI 윤리 · 제도 마련 등 국제 협력에 적극적으로 나서 역할을 재정립해야 한다.

한국은 AI 분야의 강국 중 하나로서 글로벌 중추 국가로서의 역할을 해야 한다. AI 경쟁력을 키우는 것은 물론, AI 규범 논의에서도 주도적 역할과 노력을 계속해야 한다. 종합적인 AI 국가 전략이 필요한 이유도 그 때문이다. AI 전략은 외교 · 국방 · 과학기술 · 경제 · 정보 정책을 통합적으로 고려하고, 여러 이해 관계자와 협력해 추진해야 한다.

특히 자유민주주의 가치와 이익에 부합하는 방식으로 AI 연구 개발을 지원하고, AI 산업을 발전시켜야 한다. AI 기술은 인권과 기본적 자유를 존중하는 '핵심 가치'를 반영하며 인권을 위해 사용되어야 한다. 그러면서도 자유민주주의 가치를 기반으로 AI 국제 협력과 파트너십을 지원하고, 글로벌 동맹국들과 협력해 나가야 한다.

한국은 AI 선도 국가 중 하나로서 전 산업에서 AI의 융합이 매우 중요한 비중을 차지한다. AI 산업 진흥과 함께 AI 글로벌 경쟁에서 AI가 인류에 미치는 다양한 영향에도 깊은 관심을 갖고 대처할 필요가 있다. 그것이 AI 선도 국가에 주어진 역할이다.

참고문헌

관계부처합동(2024). 『AI G3 도약을 위한 AI·디지털 혁신성장 전략』.

김세진(2023.1). 미국과 EU의 AI 패권 경쟁. 규제 둘러싼 협력과 견제, 국제 표준 지정의 향방은. ≪신문과방송≫, 43 - 46쪽. 한국언론진흥재단.

이태호(2024). 글로벌 통상환경 변화와 전망. ≪외교≫, 제150호. 14 - 34쪽.

정진영(2022). 미중 무역기술 전쟁과 국제경제질서의 향배 - 중국이 승리할 수 없는 세 가지 이유 - . ≪외교≫, 제140호, 50 - 68쪽.

채은선(2024.7.5). 美, AI 행정명령(2023.10.30)의 주요 내용 및 이행 현황. ≪디지털 법제 Brief≫, 1 - 29쪽. 한국지능정보사회진흥원.

김대호

인하대학교 교수이며, 인하비전위원장, 사회과학대학장, 정석학술정보관장, 대외협력처장 등을 지냈다. 방송위원회 선임연구원과 정보통신정책연구원 연구위원으로 일했다. 국민경제자문회의 위원을 역임했다. 정부의 여러 위원회에서 활동했다. 한국인터넷진흥원과 한국방송광고공사 등 공공기관의 비상임이사, KT 이사, SBS 이사 등으로 일했다. 서울대학교 언론정보학과와 대학원을 졸업하고, 영국 버밍엄대학교에서 박사학위를 받았다. 미국 컬럼비아대학교, 일본 와세다대학교 등 해외 여러 대학의 방문교수와 한국미디어경영학회 회장 등으로 활동했다.

한국이 자유민주주의를 증진하고 디지털 전환을 이뤄 4차 산업혁명 시대를 대표하는 국가가 되도록 하는 거버넌스를 마련하는 데 깊은 관심을 갖고 있다.

주요 저서로 『기술패권』(2023), 『자유시장주의 미디어 거버넌스』(2022), 『AI시대에 가치 있는 것들』(2021), 『한국의 미디어 거버넌스』(2020), 『블록체인 거버넌스』(2019), 『Media governance in Korea 1980~2017』(2018), 『공유경제』(2017), 『4차 산업혁명』(2016), 『Who owns the world's media?: Media concentration and ownership around the world』(공저, 2015) 등이 있고, 국내외 학술지에 수많은 논문을 발표했다.